Hans Schiermeier
Vía de la Plata

Die „wilde Schöne“

Hans Schiermeier

Vía de la Plata

Die „wilde Schöne“

Re Di Roma-Verlag

Darum bin ich voll Freude und Dank,
ich weiß mich beschützt und geborgen.

Psalm 16,9

Bibliografische Information der Deutschen Nationalbibliothek:
Die Deutsche Nationalbibliothek verzeichnet diese Publikation in der Deutschen Nationalbibliografie; detaillierte bibliografische Daten sind im Internet über http://dnb.ddb.de abrufbar.

ISBN 978-3-86870-219-4

www.rediroma-verlag.de

16,90 Euro (D)

Inhalt

Wegeverlauf der Vía de la Plata

Vorwort

Exakt ein Jahr und vier Tage nachdem ich meine erste Pilgerreise auf dem *Camino francés* im nordspanischen Pamplona startete, ereilte mich das Pilgerfieber erneut. Für meinen zweiten Pilgerweg wählte ich die *Vía de la Plata*, die nach dem Camino francés zweite große Pilgerroute Spaniens. Sie ist eine ehemalige römische Handels- und Heerstraße im Westen des Landes und verbindet – mit einigen Abweichungen und erweitert um ein paar Varianten – als durchgängiger Pilger- und Fernwanderweg Sevilla, die Hauptstadt Andalusiens, mit Santiago de Compostela in Galicien. Die wörtliche Übersetzung von Vía de la Plata lautet Silberstraße, doch Silber wurde auf dieser Straße nicht befördert. Tatsächlich leitet sich der spanische Name vom arabischen *Bal'latta* ab, was gepflasterter, öffentlicher Weg bedeutet.

Der zu den Jakobswegen zählende Pilgerweg durchstreift auf einer Länge von knapp 1000 Kilometern die spanischen, autonomen Regionen Andalusien, Extremadura, Kastilien und León sowie Galicien. Das hohe Pilgeraufkommen auf dem weit bekannteren Camino francés ist einer der Gründe, weshalb immer mehr Pilger und Wanderer sich für die noch ruhigere Vía de la Plata entscheiden. Aufgrund der mittlerweile sehr guten Markierungen - gelbe Pfeile, Granitboller, Markierungssteine und in die Straßen oder Gehwege eingelassene Muscheln - stellt die Orientierung entlang des Weges keine besonderen Ansprüche an die Pilger. Allerdings ist im Vergleich zum kommerzialisierten Camino francés das Herbergennetz an der alten Römerstraße dünner gesät und die Infrastruktur weniger ausgebaut. Doch gerade auch darin liegt der Reiz dieser Jahrtausendroute. Menschenleere Landschaften, der Kontakt zur Natur und die Begegnung mit sich selbst sind nur einige der Schlagwörter, die auf diesen ursprünglichen Jakobsweg zutreffen.

Sombra und Sudar

Sevilla bis Guillena

Den Beginn meiner Vía de la Plata habe ich mir gewiss anders vorgestellt. Kurz nach Sonnenaufgang plante ich mir den Rucksack umzuschnallen, um zu meiner zweiten Pilgerreise aufzubrechen. Ich wollte die kühlen Morgenstunden nutzen und bei angenehmen Temperaturen meine ersten Kilometer auf der rund 1000 Kilometer langen Wegstrecke von Sevilla nach Santiago de Compostela zurücklegen. In aller Stille wollte ich mich aus der noch schlafenden Großstadt schleichen, um so ihrer Betriebsamkeit zu entkommen. Gleich auf der ersten Etappe erhoffte ich meinen Rhythmus zu finden, der mich im letzten Jahr über weite Strecken meiner Reise begleitet hatte. Dies waren zumindest meine Gedanken, als ich gestern im Flugzeug saß und auf die schier endlose Landschaft herabblickte. Obwohl erst Mitte Mai konnte ich an der unter mir vorüber ziehenden Flora Andalusiens nicht viel Grünes erkennen. Hellbraune und goldgelb leuchtende Felder hatten schon längst die Vorherrschaft übernommen. Die zahlreichen Grünschattierungen, die ich vom Vorjahr aus den nördlicheren Regionen Spaniens in Erinnerung habe, als ich mich etwa um die gleiche Jahreszeit auf meine erste Pilgertour begab, gehören im Süden des Landes längst der Vergangenheit an. Und was mir außerdem auffiel, war die spärliche Besiedlung dieses Landstrichs, in dem kaum ein Dorf ausfindig zu machen war. Es muss einfach Freude bereiten, sich auf historischen Pfaden durch diese grenzenlose Weite leiten zu lassen und dabei sich und seinen Gedanken Raum und Zeit zu geben für eine erfüllte Pilgerschaft. Am liebsten wäre ich aus dem Flugzeug gesprungen und sofort losgelaufen. Irgendwie ist mir dieses Land ans Herz gewachsen, und vor meinem imaginären Auge sah ich mich schon als winzigen Punkt durch die Getreidefelder streifen.

Doch nun sitze ich ungeduldig und mit einer allmählich aufkommenden Portion Frust vor einem Café in der Hauptstadt Andalusiens und bin zum Nichtstun gezwungen. Es ist neun Uhr morgens und ich trinke bereits meinen dritten Kaffee – zwei Becher habe ich mir schon in der Pension aus dem Automaten geholt – dazu rauche ich meine, ich weiß nicht wievielte Zigarette. Schmecken tut mir beides nicht mehr. Meine zweite Pilgerreise beginnt gerade mit einer Geduldsprobe, die ich mir bestimmt nicht erwünscht habe. Und das Schlimmste ist, ich kann daran nichts ändern. Wie festgeklebt komme ich mir auf meinem Stuhl vor und warte dabei auf das Einlösen eines Versprechens, das eigentlich schon gebrochen ist. Ich warte auf die überfällige Zustellung meines Rucksacks, um endlich meinen Weg antreten zu können.

So schlürfe ich weiter gelangweilt an meinem Milchkaffee und beobachte die Passanten, die um diese Stunde durch die schmalen Altstadtgässchen ziehen. Kein Anzeichen von Hast oder Eile, keine übermäßige Betriebsamkeit scheint von ihnen auszugehen. Gemächlich, gemütlich, geradezu pomadig schlendern sie an dem kleinen Platz vorbei, auf dem ich mich an einer der fünf oder sechs Tischgruppen vor diesem Café niedergelassen habe. Ich befinde mich im Zentrum von Sevilla, im Stadtviertel Santa Cruz, und wenn nicht hier, wo soll sie sonst zu finden sein, diese typische südländische Mentalität, diese beneidenswerte Unbeschwertheit, mit der man selten den Tag vorherplant, und mit der vieles so locker genommen wird.

Als ich gerade beginne mir vorzustellen, dass es in meiner Situation bestimmt nicht das Schlechteste wäre, mich von dieser speziellen Lebenskunst ein klein bisschen anstecken zu lassen, erfährt meine Geduldsprobe eine unerwartete Verschärfung in Form eines rucksackbepackten Pilgers, der zwei Tische neben mir Platz nimmt. Zum Verwechseln ähnlich mit dem meinen ist sein dunkelblauer, vollgestopfter Wandersack. Neidisch blicke ich zu ihm hinüber. Neidisch, weil ich nicht weiß, wo sich mein Rucksack zurzeit befindet und wann ich ihn mir endlich um die Schultern hängen darf.

Gestern Nachmittag stand ich mit etwa dreißig Passagieren am Flughafen und starrte minutenlang gebannt auf ein leeres Gepäcklaufband, bis schließlich ein uniformierter Spanier auf uns zukam und in seiner Landessprache etwas bekanntgab. Dass es nichts Gutes sein konnte, erkannte ich sofort an dem Raunen, das durch die Menge ging. Meine erste Vermutung, dass unser Gepäck nicht befördert war, wurde schnell zur Gewissheit. Wie sich herausstellte hatte ein Container den Flugzeugwechsel in Madrid nicht geschafft, und so standen wir ohne unsere Sachen da. Die ganze Gruppe wurde an einen Schalter geführt, an dem mit der eben erwähnten, südländischen Gelassenheit ein auffallend jugendlicher, leicht überfordert wirkender Beamter die entsprechenden Formalitäten aufnahm. Ich stand ziemlich am Ende der Warteschlange, als ich plötzlich von einer Frau angesprochen wurde, die mich offensichtlich als Deutschen identifiziert hatte. Es war eine Ungarin, die sehr gut Deutsch sprach, und die zusammen mit ihrem Mann einen fünftägigen Urlaub in der Großstadt gebucht hatte. Die beiden hatten zumindest noch Handgepäck bei sich und in ihrem Sternehotel werden sie bestimmt bestens mit dem Nötigsten versorgt. Mein ganzes Hab und Gut beschränkte sich auf einen Reiseführer, auf eine Fotokamera und auf mein Handy, alles andere befindet sich im Rucksack. Ungefähr eine halbe Stunde standen wir etwas angespannt in der Reihe, bis wir endlich vor dem Schalterbeamten ankamen. Nun wurde uns ein weiteres Mal erklärt, dass sich unser Gepäck noch in Madrid befinde und es voraussichtlich mit der nächsten Maschine in zwei Stunden nachgeflogen käme. Spätestens morgen früh sollte es in unsere Unterkünfte geliefert werden. Zum Glück hatte ich den Zettel mit der Adresse meiner Pension, in der ich mir per Internet ein einfaches Zimmer gebucht hatte, in meine Geldbörse gesteckt, sonst hätte ich hierzu keinerlei Angaben machen können. Schließlich wurden wir aufgefordert, unsere Gepäckstücke nach Farbe, Aussehen und Größe zu beschreiben und erhielten daraufhin einen Beleg mit allen möglichen Informationen, einschließlich einer Referenznummer. Das war‘s dann!

Für kurze Zeit überlegte ich noch, ob ich auf die nächste Maschine aus Madrid warten sollte, entschied mich aber dann doch für die Shuttle-Bus-Fahrt ins Zentrum von Sevilla. Nach gut zwanzig Minuten stieg ich zusammen mit den anderen Fahrgästen inmitten der quirligen und mir fremden Großstadt aus. Um eine gewisse Orientierung zu erlangen, befragte ich einen Passanten nach der Kathedrale, von der meine Unterkunft zu Fuß nur knappe fünf Minuten entfernt lag. Nach weiteren zwanzig Minuten landete ich schließlich in meiner Pension, wo ich den Besitzer sogleich über mein Missgeschick aufklärte. Dabei fragte ich ihn auch, ob es sinnvoll sei, wegen des Rucksacks später nochmals zum Flughafen zu fahren. Dies, so erklärte er mir, sei vergebene Liebesmüh, und ich sollte darauf hoffen, dass morgen früh alles seinen Weg gehen würde. Dann zeigte er mir mein spartanisches Zimmer, in dem sich neben einem Bett und einem klapprigen Schrank nur noch ein kleines Waschbecken befand. Und da ich sowieso nichts zu verstauen hatte, brach ich gleich auf zu einer Besichtigungstour durch das lebhafte Sevilla.

Bei herrlichem Sonnenschein und hochsommerlichen Temperaturen steuerte ich als erstes die Kathedrale an, die größte gotische Kirche der Welt. Sie wurde im 15. Jahrhundert anstelle der einstigen Moschee errichtet, von der nur das über hundert Meter hohe Minarett erhalten blieb, das heute als Glockenturm der Kathedrale dient. Dieser Turm, *Giralda* genannt, ist das Wahrzeichen der Stadt. Auf der Spitze des Turms steht in der Funktion als Wetterfahne eine vier Meter hohe Bronzestatue, die *Giraldillo*. Anschließend ließ ich mich von dem südländischen Flair dieser pulsierenden Metropole anstecken und mich durch die prächtigen Plätze, Sehenswürdigkeiten und Parkanlagen treiben. Nur mein kleines Rucksackproblem sorgte beständig für eine etwas gemischte Gefühlswelt. Nach einigen Besichtigungskilometern durch die viertgrößte Stadt Spaniens kam ich, wie es der Zufall wollte, genau an der Bushaltestelle vorbei, an der ich vor drei Stunden angekommen war. Direkt vor meinen Füßen stand ein mit offenem Einstieg wartender Bus, an dessen großer Frontscheibe ein Schild mit der Aufschrift „Aeropuerto“ platziert war. Kurzentschlossen sprang ich hinein und war 25 Minuten später erneut am Flughafen.

Ich suchte den bekannten Schalter auf, an dem jetzt eine junge Frau tätig war und erkundigte mich nach meinem Rucksack. Schnell wurde mir klar, dass die jeweils 2,30 Euro für Hin- und

Rückfahrt besser in zwei kühle Biere investiert gewesen wären, und dass ich dem Pensionsbesitzer besser hätte glauben sollen. Von der Schalterbeamtin wurde mir erklärt, dass das vermisste Gepäck jetzt doch erst mit der Maschine um Mitternacht nachgeflogen käme und morgen früh gegen 8.30 Uhr in der Pension angeliefert würde. Und so ging‘s wieder zurück in die Stadt.

Die Giralda – das Wahrzeichen Sevillas

Noch ein informierender Anruf zuhause bei meiner Frau, gefolgt von einem etwas längeren Nachtbummel durch die Altstadtgassen von Sevilla, die irgendwie alle gleich aussahen, weshalb ich etwas länger brauchte um zu meiner Pension zurück zu finden und dann abtauchen ins Luxuszimmer. Es ging alles sehr schnell gestern Abend, ich brauchte mich nicht zu waschen, kein Zähneputzen, kein prüfender Blick in den nicht vorhandenen Spiegel, einfach ausziehen und ab auf die Bettstatt. Zudecken brauchte ich mich auch nicht, denn bei 28 °C Außentemperatur um Mitternacht war dies überflüssig. Vor allem nicht in diesem Zimmer, das zwar ein Fenster hatte, doch leider nur ins Treppenhaus. Das war gestern auch egal. Einschlafen konnte ich erfreulicherweise recht gut, die Anreise, die damit verbundenen Unannehmlichkeiten und die Stadtbesichtigung hatten mich doch müde gemacht. Morgen früh würde bestimmt alles besser werden, so hoffte ich zumindest.

Ja, und nun sitze ich vor diesem Café, warte nach wie vor auf meinen Rucksack, der auch eine Stunde nach der versprochenen Zeit nicht angeliefert worden war. Zweimal war ich zwischenzeitlich schon in meiner Pension, um nachzuschauen, ob er schon abgegeben worden sei, als plötzlich das ungarische Ehepaar vom Vortag an meinem Tisch herantritt. Nach einer kurzen Begrüßung, wird das Gespräch umgehend auf die vermissten Gepäckteile gelenkt. Von der Ungarin erfahre ich, dass sie in ihrem Hotel die Information erhalten haben, dass es erst gegen 14 Uhr gebracht werden sollte. „Eine schöne Bescherung“, denke ich und mache mir ernsthafte Sorgen, ob ich Sevilla heute noch verlassen könne. Und so bestelle ich mir meinen vierten Kaffee und bleibe einfach vor dem Café sitzen. Genug Gelegenheit zum Füße vertreten wird es für mich auf dem langen Weg nach Santiago bestimmt noch geben. Eine Stunde später mache ich mich doch zu einem neuerlichen Kontrollgang in die Pension auf. Und siehe da, an der Rezeption steht tatsächlich mein so lange ersehnter Rucksack – vor knapp einer Stunde sei er bereits ausgehändigt worden. Umgehend ziehe ich mich auf mein Zimmer zurück, putze mir schnell die Zähne und bereite mich für den Abmarsch vor. Endlich kann’s losgehen.

Mein erster Weg nach Verlassen der Pension führt mich nochmals zur Kathedrale, um mir den ersten Stempel in meinen Pilgerausweis eintragen zu lassen. Mit dem aus dem Vorjahr bestens vertrauten „Buen Camino“ werde ich anschließend auf meinen langen Marsch entlassen.

Bereits gestern Nachmittag war ich den ersten Markierungen der Vía de la Plata rund 500 Meter gefolgt, um heute für einen entspannteren Start zu sorgen. Mit Hilfe meines Wanderführers und des einen oder anderen Passanten bin ich eine gute halbe Stunde später aus dem Trubel der Großstadt heraus. Bevor es auf einer Brücke über den Río Guadalquivir geht und Sevilla endgültig verlassen ist, führt mich der Weg in Richtung des brach liegenden, einstigen Expo-Parkplatzes, wo meine Pilgerreise beinahe zu Ende gewesen wäre. Gerade noch rechtzeitig wende ich die Augen von meinem Reiseführer, ansonsten hätte mich der knapp zwei Meter vor mir liegende und nicht verschlossene Kanalschacht verschluckt. Unglaublich, um ein Haar wäre ich in diese Falle gestürzt, die ohne Absicherung, ohne irgendwelche Arbeiter in Sichtweite, ohne einen Kanaldeckel und ohne Vorwarnung auftaucht. Kopfschüttelnd werfe ich einen fassungslosen Blick in den Abgrund, dann einen dankenden gen Himmel und marschiere weiter.

In Camas, der ersten Ortschaft nach Sevilla, entdecke ich auf der gegenüberliegenden Straßenseite einen ersten Pilgerkollegen. Rastend sitzt er unter dem schattigen Blätterdach eines großen Baumes neben der Strecke. Mit erhobener Hand grüße ich kurz, was sogleich erwidert wird, laufe jedoch auf meiner Seite weiter. Jetzt, da ich Sevilla in meinem Rücken weiß und es nicht besonders anspruchsvoll ist, der Streckenführung zu folgen, schweifen meine Gedanken erstmals ab in Richtung meines Jakobswegs aus dem Vorjahr. Dabei merke ich, wie tief ich mit meinem letztjährigen Weg noch verwurzelt bin. Wie wird es mir auf der Vía de la Plata ergehen, werden sich Empfindungen und Begebenheiten in irgendeiner Form ähneln? Und vor allem, werde ich meinen eigenen Weg wieder finden? Für einige Minuten kreisen meine Gedanken um diese Fragen.

Am Ortsende von Camas, an einem größeren Kreisverkehr, an dem ich die nächste Markierung einfach nicht erblicken kann und daher etwas länger überlege, in welche Richtung sich der Weg fortsetzt, läuft der Pilgerkollege von eben zu mir auf. Es ist ein Spanier, gut 60 Jahre alt, klein, untersetzt, mit grauem Rauschebart. Mit einem aufgesetzten Schlapphut schützt er sich vor der starken mittäglichen Sonneneinstrahlung, und dennoch läuft ihm der Schweiß in Strömen von der Stirn. Auch sein völlig durchnässtes T-Shirt zeigt deutliche Spuren der Anstrengung. Sofort ist ihm klar, dass ich auf der Suche nach dem fehlenden Pfeil bin und greift unterstützend ein. Als es auch ihm nicht gelingt, die erwünschte Markierung zu sichten, läuft er schnurstracks in den Kreisverkehr und bringt mit einigen hektischen Armbewegungen das nächste Fahrzeug zum Stehen. Dem Fahrer muss er gar nicht lange erklären, worum es geht. Mit einem deutlichen Handzeichen weist er unmissverständlich in die Richtung, in die wir unseren Weg fortsetzen müssen. Mit dieser Gewissheit überqueren wir noch vor dem gestoppten Fahrzeug die Straßenkreuzung.

An der Seite des Spaniers marschiere ich auf der breiten Ausfallstraße in Richtung eines Gewerbegebietes, wobei wir uns näher kennenlernen. Sofort merke ich, dass der gedrungene Spanier mit flottem Schritt unterwegs ist. Ich erfahre von ihm, dass er Madrilene ist und schon mehrere Pilgertouren erfolgreich absolviert hat. Die Vía de la Plata sei seine letzte große Fußreise, der er sich noch stellen möchte, danach sei für ihn die Zeit gekommen, die Wanderstiefel an den Nagel zu hängen. Ich spüre förmlich, wie viel Energie er in sein Vorhaben steckt, aber auch wie viel Kraft ihn sein Fortkommen kostet. Seine tiefen, angestrengten Atemzüge sind nicht zu überhören. Vor allem mit den hohen Temperaturen und der intensiven Sonnenbestrahlung scheint mein Pilgerkollege Probleme zu haben. Mit erhobenem Zeigefinger weist er in Richtung des glühenden Feuerballs und gibt mir kopfschüttelnd zu verstehen, dass die erbarmungslos scheinende Sonne nicht gerade zu seinen besten Freunden zählt. Noch verstehe ich nicht, warum er sich diese Reise antut, wenn ihn die Hitze anscheinend so arg belastet und er an seine körperlichen Grenzen gehen muss. Zumindest das Lieblingswort meines Laufpartners kenne ich mittlerweile bestens. Es lautet *sombra*, das spanische Wort für Schatten. Doch von dem gibt es entlang der Teerstraße nicht gerade viel. Und so zieht es der Spanier vor, das Tempo hochzuhalten, um möglichst rasch diesen Teilabschnitt hinter sich zu bringen.

Als wir dann nach Santiponce kommen, der nächsten Ortschaft auf dem Weg, entscheiden wir uns für eine gemeinsame Rast unter schattenspendenden Bäumen auf einem zentralen Platz. Zuvor haben wir uns an einem Kiosk mit frischen Getränken versorgt und für kurze Zeit genießen wir die Ruhepause. Wir ziehen unsere Wanderstiefel aus, nehmen etwas von unseren Essensvorräten zu uns, und Honorio, so der Name des Spaniers, reibt sich so gut es geht mit einem Handtuch trocken.

Erstaunlicher Weise gesellen sich immer mehr Leute unter die schattige Baumgruppe, und mein Wanderfreund beginnt beinahe mit jedem ein Gespräch zu führen. Immer mehr Menschen, hauptsächlich Frauen drängen sich zu uns. So interessant können wir doch auch nicht sein, dass es so eng zugehen muss unter dem natürlichen Sonnenschutz. Und immer wieder *sombra* vernehme ich. Doch noch ein weiteres spanisches Lieblingswort entpuppt sich mir aus dem Stimmenwirrwarr. Es ist das Wort *sudar*, für schwitzen. Und am Schwitzen kommt man heute wirklich nicht vorbei bei über 30°C im Schatten – und das Mitte Mai. Einige der Frauen wedeln sich mit Fächern frische Luft in die Gesichter und es ist unverkennbar, dass es sich bei diesem Gegenstand nicht nur um ein modisches Accessoire handelt. Als so gut wie kein Platz mehr frei ist unter den schützenden Baumkronen, strömen wie auf Knopfdruck alle gleichzeitig auf die gegenüberliegende Straßenseite, wo aus einem Gebäudekomplex eine muntere Horde Schulkinder strömt. Jetzt ist mein Rätsel gelöst, und der Spanier und ich machen uns wieder wanderfertig. Gemeinsam starten wir auf das zweite Teilstück unserer Tagesetappe, noch sind es zirka 12 Kilometer ins angesteuerte Guillena.

Wegen der kulturellen Attraktivität freue ich mich schon auf die ehemalige Römerstadt Itálica, die direkt an der Strecke liegt. Eine Besichtigung der Überreste dieser ältesten und bedeutendsten römischen Siedlung auf der iberischen Halbinsel möchte ich mir auf keinen Fall entgehen lassen. Laut Wanderführer müsste sie sich gleich am Ortsausgang von Santiponce befinden, doch seit gut einer halben Stunde trotte ich hinter Honorio her und kann nichts entdecken. Als ich mich kurz umwende, erblicke ich auf einer Anhöhe gut einen Kilometer zurück hoch emporragende Zypressen und zahlreiche andere gepflegte Baumbestände, die sich über den ganzen Hügel verteilen. Das muss Itálica sein, und bestimmt sind wir daran vorbeigelaufen. Ich rufe nach Honorio, um ihn zu informieren, dass wir diese historische Stätte, die ich so gerne besichtigen möchte, schon passiert haben. Doch Honorio zeigt kein Interesse, er will einfach nur weiter, um möglichst bald in der Herberge anzukommen. Bei gefühlten 40°C in der Sonne entschließe ich mich dennoch umzukehren. Nach fünfzehn Minuten sehe ich nur fünfzig Meter entfernt von der Straße den Eingang zu dieser antiken Welt. Wäre ich nicht so gedankenlos hinter dem Spanier hergelaufen, hätte ich mir die Extrameter sparen können. Der Eintritt für EU-Bürger ist frei, und für eine gute halbe Stunde lasse ich mich durch die historischen Ausgrabungen treiben. Im Jahre 206 v. Chr. wurde Itálica während des Zweiten Punischen Krieges als Ansiedlung für römische Bürger gegründet. Später nutzten die Westgoten Itálica als Festung, bevor mit dem Angriff der Mauren im Jahre 711 der Niedergang begann. Besonders beeindruckend ist das Amphitheater, das zur damaligen Zeit 25.000 Personen Platz geboten hat und das drittgrößte im Römischen Reich war. Auch die freigelegten Straßenzüge, zahlreichen Hausfundamente und schönen Bodenmosaike geben einen Einblick in antike Zeiten. Mein kleiner Rückmarsch hat sich wirklich gelohnt und mit reichlich Besichtigungsschweiß auf der Stirn verlasse ich die Ausgrabungsstätte.

Nach Itálica sind es noch drei Kilometer entlang der Landstraße, bevor die Vía zum ersten Mal auf einem Feldweg verläuft. Auf kerzengerader Strecke, mitten durch die ausgetrockneten und zum Ernten bereiten Getreidefelder, verläuft über mehrere Kilometer die Piste. Nach einer knappen Stunde sehe ich einige hundert Meter vor mir zwei weitere Pilger. Auch wenn ich ihnen langsam näher komme, so bleiben die beiden Gestalten aufgrund des grellen Sonnenlichts und eines leichten Hitzeflimmerns lange Zeit verzerrt. Erst als sie sich am Wegesrand zu einer kleinen Rast entscheiden, werden ihre Konturen allmählich deutlicher. Ich treffe ein gut 60-jähriges, französisches Ehepaar, vom dem mir sogleich getrocknete Feigen und Orangen angeboten werden. In unserem kurzen Gespräch sind sofort die hohen Temperaturen das bestimmende Thema, an die es sich zu gewöhnen gilt. Da der Rastplatz der Franzosen voll in der Sonne liegt, wir ohnehin die gleiche Herberge ansteuern und dort noch jede Menge Zeit für die Fortsetzung des Gespräches finden werden, ziehe ich nach einem weiteren Stück Orange meines Weges.

In meinem Reiseführer lese ich, dass ich bald an eine Furt gelangen werde, die bei Regenwetter so hoch Wasser führen soll, dass man sie teils bis über den Nabel bedeckt durchschreiten müsse. Doch dies ist heute nicht zu befürchten. Die Trockenheit der vergangenen Tage hat den Wasserstand bis auf wenige Zentimeter sinken lassen, und über angrenzende, umgestürzte Baumstämme ist sie leicht zu passieren. Endlich ein Vorteil dieser brütenden Hitze.

Harmlose Furt bei der großen Trockenheit

Doch wen sehe ich vor mir aus dem Gebüsch schleichen? Es ist Honorio, der sich für eine Stunde in seinem geliebten Schatten ausgeruht hat und soeben wieder aufbricht. Bis zur nächsten Weggabelung laufen wir gemeinsam. Dann beschließt der klitschnass geschwitzte Spanier in Richtung Landstraße zu laufen, da er glaubt, so schneller in Guillena anzukommen. Ich bleibe dagegen auf der Originalroute und erreiche eine Dreiviertelstunde später meine erste Vía-Herberge, in der von Honorio nichts zu sehen ist.

Etwas erstaunt bin ich dann, als ich das französische Ehepaar erblicke, das bereits vor mir das Quartier erreicht hat. Doch sie hatten sich per Anhalter in die Pilgerunterkunft bringen lassen, da ihnen die Anstrengung bei der unerträglichen Hitze zu viel wurde. Wie sich nun herausstellt sind in der einzigen Herberge des Ortes neun der zehn Betten bereits belegt, und das letzte Bett steht den Franzosen zu. Aber mit nur einem freien Bett können die beiden nichts anfangen und drängen mich, dieses zu nehmen. Nach einigem Hin und Her willige ich schließlich ein und breite meine Sachen aus. Als nach zwanzig Minuten Honorio eintrifft, ist kein Bett mehr frei. So wird beschlossen die örtliche Polizei einzuschalten, die sich prompt dieser Angelegenheit annimmt und kurz darauf die drei Pilger in einer Turnhalle unterbringt. Niemals hätte ich gedacht, dass es auf diesem Weg zu einem Engpass bei den Übernachtungsmöglichkeiten kommen könnte. Doch vielleicht liegt das auch am Einzugsgebiet vom nahen Sevilla.

An der schattigen Rückseite der Herberge geselle ich mich zu drei Pilgern, die an der Wand angelehnt sitzen und sich von der heutigen Etappe erholen. Es sind dies die 19-jährige Charmaine aus Singapur, die 54-jährige Eva aus Norwegen und der etwa gleichaltrige, sich sehr pilgererfahren gebende Joseph aus Holland. Irgendwie machen alle drei einen eher reservierten Eindruck auf mich. Vor allem der Holländer wirkt besonders selbstsicher und verbreitet reichlich Einzelkämpfermentalität. Ob es an der großen Hitze liegt, an den Personen selbst, oder ob ich mir das nur einbilde, kann ich nicht einschätzen. Ich muss ja selbst erst mal ankommen auf meinem eigenen Weg und nicht ständig an den Camino francés denken, der mir immer noch im Kopf herumgeistert. Und wer weiß, wie lange noch. Auf jeden Fall ist mir aufgefallen, dass so gut wie alle Pilger, mit denen ich heute gesprochen habe, bereits über einschlägige Erfahrung verfügen. Einzig die 19-jährige Charmaine hat sich auf die Vía begeben, ohne vorher woanders unterwegs gewesen zu sein. Und mir ist selbstverständlich auch nicht entgangen, dass ich der einzige Deutsche in der Herberge bin. Das hätte es auf dem Camino nun wirklich nicht gegeben. So wird unsere Belegschaft komplettiert von einer Portugiesin, von zwei weiteren Franzosen und von drei Spaniern.

Ein allmählich aufkommendes Hungergefühl treibt mich schließlich auf die Suche nach einem Supermarkt, um mich für heute Abend und für den folgenden Tag mit Lebensmitteln und vor allem ausreichend Flüssigkeit einzudecken. Auf der morgigen Etappe, auf der sich laut Wanderführer die landschaftliche Schönheit der Vía erstmals in vollen Zügen präsentieren soll, gibt es keine Möglichkeit, sich zwischendurch mit Proviant zu versorgen. Als ich aus dem Supermarkt herauskomme, bin ich etwas verblüfft über das hohe Gewicht meiner beiden Einkaufstaschen. Zwei Dosen Bier, zwei Liter Limonade, drei Liter Wasser, zwei Brote und zwei Dosen eingelegter Tintenfisch sind meine Ausbeute. Mir scheint, als wenn ich da etwas übertrieben hätte. Vor allem die Flüssigkeitsmenge finde ich etwas überkalkuliert. Da muss ich gleich Abhilfe schaffen, und eine Dose Bier landet sofort in meinem Magen. Es dauert nicht lange und mir stehen davon die Schweißperlen auf der Stirn. Bis zur Bettgehzeit um 22 Uhr trinke ich weitere drei Liter, wobei mir auffällt, zwischendurch kein einziges Mal auf der Toilette gewesen zu sein. Mein Körper saugt vermutlich die ganze Flüssigkeit wie ein Schwamm erst mal auf, bevor er sie nach und nach über die Poren wieder nach außen drängt. Deshalb finde ich es in Anbetracht meines verschwitzten Zustandes gar nicht so schlecht, dass es, wie in meinem Privatzimmer in Sevilla, auch in dieser Herberge nicht einen einzigen Spiegel gibt. Und dann beginnt sie, meine erste Nacht auf der Vía de la Plata!

Doch wie soll ich nur schlafen? In dieser stickigen Baracke ist es um die 30°C heiß. In dem rundum zugemauerten Flachbau ist an Zirkulation nicht zu denken. Die Luft steht förmlich im Raum. Und dann die Plastikmatratzen, an denen man dauernd kleben bleibt. An Schlaf ist erst mal nicht zu denken. Hinzu kommt die direkt an den Schlafraum angrenzende Toilette, die mit ihren zwei Schwenkflügeln eher an den Zutritt zu einem Westernsalon erinnert und von der aus sich die edelsten Düfte bis in den Schlafraum verbreiten. Aufgrund der fehlenden Tür vernimmt man jeden Tropfen Flüssigkeit, der in die Schüssel plätschert. Immer wieder drehe ich mich von einer Seite auf die andere und beobachte das gleiche Spiel bei meinen Pilgerkameraden. Nur der unter mir liegende Spanier und sein französischer Nebenmann schlafen bereits. Ausgerechnet sind es immer die schnarchenden Zeitgenossen, die zuerst einschlafen. Zusätzlich beginnt eine Stechmücke ihre Kreise um meinen Kopf zu ziehen. Sicherlich wird sie von meinen Körperausdünstungen besonders angezogen. Mit einer schnellen Handbewegung versuche ich, sie zu verscheuchen. Ein paar Augenblicke herrscht

Ruhe, dann beginnt das Surren erneut. Unermüdlich erfolgt ein Angriff nach dem anderen. Völlig unnütz mache ich mir Gedanken, ob es im Bett unter mir besser wäre. Die warme Luft steigt bekanntlich nach oben, doch ändern kann ich sowieso nichts daran. Und der jungen Pilgerin aus Singapur im Hochbett neben mir dürften diese klimatischen Verhältnisse auch besser vertraut sein. Bestimmt zwei Stunden sind schon vergangen, und ich kann einfach nicht einschlafen. Ohne mit der Wimper zu zucken, wäre ich bereit, mich nach Hause beamen zu lassen. Dann steige ich von meinem Bett und spaziere einige Zeit vor der Herberge herum. Ein angenehm kühlender Luftzug umweht meine nassgeschwitzte Haut. Warum bloß muss es da drinnen so stickig sein? Bestimmt muss ich mich einfach erst an die spanischen Nachttemperaturen gewöhnen – und die nächsten Herbergen werden gewiss „luftiger“. Zurück auf dem Hochbett muss ich fast lachen über meine augenblickliche Situation. Dann vernehme ich wieder dieses gefechtsmäßige Surren einer Stechmücke und das Nachtropfen auf der Toilette. Langsam wird mir klar, diese Nacht werde ich nicht mehr schlafen.

Die kleinen Dinge des Lebens

Guillena – Castilblanco de los Arroyos

Irgendwann piepst die Uhr der jungen Pilgerin aus Singapur. Draußen ist es stockfinster, doch sie erhebt sich, packt ihre Sachen zusammen und verschwindet mit dem Rucksack ins Freie. Kurz darauf das gleiche Spiel mit dem schräg unter mir liegenden, älteren Spanier. Das gibt's ja nicht, die können doch nicht im Finstern losmarschieren. Ich drehe mich nochmals um und muss für ein paar Minuten eingenickt sein. Als ich meine Augen wieder öffne, ist es immer noch dunkel, doch zwei weitere Betten sind verlassen. Jetzt drängt es mich ins Freie, ich muss nachsehen, was diese Nachtwandler so machen, und ob die wirklich schon aufgebrochen sind. Doch alle sind noch da. Charmaine knabbert an einem Stück Baguette, der Spanier schnürt sich gerade die Schuhe, und ein dritter liegt mit seiner Plastikmatratze mitten auf dem Sportfeld gleich neben der Herberge. Augenscheinlich realisiere ich, dass sich meine Pilgerkollegen mit ähnlichen Problemen herumschlagen. So suche ich wieder mein Hochbett auf und finde tatsächlich für eine Stunde den längst überfälligen Schlaf. Obgleich es mittlerweile hell geworden ist, bleibe ich auf meiner Plastikmatratze liegen. Für heute stehen bloß 18 Wanderkilometer an, da braucht es keine Eile.

Als ich mich schließlich aufraffe und nach draußen sehe, lehnt Charmaine stoisch an der Hauswand. Ein kurzes Handzeichen ist unsere nonverbale, morgendliche Begrüßung. Ich vertrete mir etwas die Beine, währenddessen das freundliche Franzosenehepaar von gestern die Straße entlang gelaufen kommt. Gegenseitig deuten wir uns an, eine unbefriedigende Nacht hinter uns zu haben. Denen ist es also auch nicht besser ergangen. Daraufhin beginne ich ohne große Systematik meinen Rucksack zu packen und mache mich als Drittletzter unserer Herberge auf den Weg. Hinter mir in Sichtweite der Holländer und die Norwegerin, die mir in einem Abstand von zirka zweihundert Metern folgen. Die beiden, die sich schon aus den Vorjahren kennen, und die zusammen auf dem Camino unterwegs waren, haben sich heuer entschlossen die Vía gemeinsam zu starten.

Ich bin einfach nur froh, diese Nacht überstanden zu haben und hoffe, dass die nächsten Unterkünfte besser werden. Gleich bei den ersten Schritten merke ich, wie befreiend das Wandern wirkt, und die zur frühen Stunde moderaten Temperaturen empfinde ich als verdienten Ausgleich zur nächtlichen, drückenden Schwüle, die die Herberge in eine Art Feuchtbiotop verwandelt hat.

Ganz langsam führt der Weg bergan, und nach rund einer Stunde steht mir überraschenderweise mein erstes Tages-Highlight bevor. Man ist ja schon mit den kleinen Dingen des Lebens zufrieden, und so kann eine aus einer Orangenplantage ergatterte frische Frucht ein leises Glücksgefühl auslösen. Normalerweise hat man keine Chance, an das süße Obst zu kommen, mit hohen Zäunen sind die Plantagen bestens vor unerwünschten Langfingern geschützt. Doch mit Hilfe meines Wanderstocks gelingt es mir im vierten Anlauf, eine nahe am Zaun hängende Frucht auf den Weg zu schleudern. Meine durch den hohen Fall etwas lädierte Orange ist saftig, süß und außerordentlich geschmackvoll.

Wenige hundert Meter weiter steht der nächste Höhepunkt an, als ich an einer Pflaumenplantage vorbeikomme – und die ist erfreulicherweise nicht eingezäunt. Der Reifegrad dieser köstlich, frischen Früchte ist perfekt, ein besseres Frühstück könnte ich mir augenblicklich nicht vorstellen. Ich stopfe beide Hosentaschen voll und spaziere zufrieden und mit klebrigen Fingern vom Öffnen des Obstes weiter. Wie im Garten Eden komme ich mir vor. Eine Pflaume nach der anderen verdrücke ich – keine bleibt übrig. So kann es weitergehen.

Doch leider drängen sich im Verlauf der Etappe auch unerwünschte, wenn auch zu erwartende Probleme in den Vordergrund. Wie schon aus dem Vorjahr bekannt, deuten sich an meinen kleinen Zehen wieder Blasen an, und so trete ich bewusst etwas langsamer. Diesmal bin ich mir allerdings ganz sicher, besser mit diesen unangenehmen Begleiterscheinungen umgehen zu können. Ich weiß, dass sie über einige Tage bestimmt schmerzhaft sein werden, ich werde sie akzeptieren, sie entsprechend behandeln, und irgendwann wird alles wieder vorbei sein.

Eintritt in eine wunderschöne Welt

Dann stehe ich vor dem Tor zu meiner ersten Dehesa. Unter Dehesas hat man sich weitläufige, eingezäunte Eichenhaine vorzustellen, die entstanden sind, indem die ursprünglichen Stein- und Korkeichenwälder durch Rinder-, Schaf- und Ziegenrassen beweidet wurden. Auf den nährstoffarmen Böden im Südwesten der iberischen Halbinsel sind die Voraussetzungen für Ackerbau nicht sehr gut, und so werden diese Flächen als Weideland genutzt. Die großen Bäume dienen als Schattenspender für die Weidetiere, schützen den Boden vor Erosion und liefern die für die Schweinemast geschätzten Eicheln. Die

Dehesas sind mit losen Toren verschlossen, die mit Ketten, Schlingen oder Riegeln gesichert sind und so die Flucht des Weideviehs verhindern. Ich öffne mein erstes Tor, und trete ein in eine Landschaft wie aus einer anderen Welt. Verschlungene Pfade führen mich durch lockeren Baumbestand und durch Sträucherdschungel. Zum ersten Mal habe ich das Gefühl, dass sich mein Herz für die Vía öffnet. Fast schleichend bewege ich mich durch die ursprüngliche Schöpfung fern ab der Zivilisation. In einiger Entfernung erblicke ich auf einem kleinen Hügel einige Rinder, die es bei der spärlichen Vegetation bestimmt nicht leicht haben, sich die Mägen zu füllen. Kein Vergleich zu den saftigen Wiesen, auf denen bei uns die Tiere weiden. Nur auf die vereinzelt umherliegenden Kuhfladen gilt es Acht zu geben. Doch die meisten sind bei dieser trockenen Hitze steinhart und geben auch keinen unangenehmen Geruch mehr von sich. Schlanke Pfade leiten mich durch hügeliges Terrain, wobei im weiteren Verlauf der Etappe die teils knorrigen Korkeichen zugunsten einer niedrigeren Vegetation weichen. Die Flora besteht nun hauptsächlich aus blühenden Ginster- und Zistrosensträuchern, die ihren Duft verbreiten. Und immer wieder muss ich neue Tore öffnen und hinter mir genauso verschließen. Ein wunderschönes Wandererlebnis.

Die Temperatur ist in den letzten Stunden sprunghaft angestiegen, so dass der Griff zur Trinkflasche regelrecht zur Pflicht wird, um ja genügend Flüssigkeit zu sich zu nehmen. Als angenehme Nebenerscheinung reduziert sich auf diese Weise das Gewicht des Rucksacks im Verlaufe einer Etappe wie von selbst. Schon kurz nach Mittag habe ich die 18 Kilometer absolviert und komme in der Herberge an, doch an ein Weiterlaufen ist heute nicht zu denken. Das teils weitmaschige Herbergennetz auf der Vía de la Plata bestimmt die Tagesetappen. Und da weitere 28 Kilometer eindeutig zu viel sind, trifft sich die Pilgertruppe zwangsläufig wieder. So ergibt es sich automatisch, dass sich die Kontakte zu den Pilgerkollegen intensivieren, man hat ähnliche Erlebnisse und tauscht sich aus. Den Nachmittag nütze ich zur Körperpflege, zum Aufstechen und Behandeln meiner Blasen, zum Rasten auf der Matratze, aber auch zum Besuch der örtlichen Bar.

Richtig froh bin ich, als ich auf den ersten Deutschen treffe, mit dem ich mich gleich zum gemeinsamen Nachmittagsessen verabrede. Wolfgang aus Hamburg ist ebenfalls alleine unterwegs, und bei einem leckeren Gazpacho erfahre ich von ihm, dass auch er bereits den Camino bestritten hat und auf der anders gearteten Vía noch nicht so richtig angekommen ist. Ich bin also nicht der einzige, der etwas Zeit braucht, um in der Pilgerschaft wieder Fuß zu fassen, wenngleich ich heute einen großen Schritt in diese Richtung getan habe.

Später in der Herberge vereinbare ich mit Charmaine und Honorio, die morgige Etappe sehr frühzeitig zu starten. Es sind wieder Temperaturen von deutlich über 30°C angesagt, und so wollen wir bereits gegen vier Uhr früh aufbrechen. Allzu gut erinnere ich mich an etliche ironische Sprüche aus dem Vorjahr über die Pilger, die sich bereits im Schein ihrer Taschenlampen auf den Weg gemacht haben, um ja als einer der ersten in der neuen Herberge anzukommen. Aber bei dieser Hitze, die schon vormittags massiv zu spüren ist, lasse ich mich gerne auf so ein Experiment ein.

Honorio hat mir zwischenzeitlich anvertraut, dass bei ihm vor einigen Jahren ein Herzschrittmacher eingesetzt wurde und er deshalb versucht die große Hitze, soweit es möglich ist, zu umgehen. Der Madrilene plant, erst einmal bis Salamanca zu pilgern, was etwa die Hälfte der gesamten Wegstrecke nach Santiago ausmacht, sich dann in Madrid kurz durchchecken zu lassen, um bei grünem Licht seitens seiner Ärzte die restliche Strecke zu bewerkstelligen. Nach dieser Erklärung verstehe ich auch seine gestrige Eile und seine häufigen Pausen im Schatten. Ich wünsche ihm, dass er sich auf dieser langen Pilgerroute nicht übernimmt.

Zum Glück ist die heutige Herberge im Vergleich zur gestrigen deutlich besser ausgestattet. Zudem verfügt sie über drei separate Schlafräume, wobei wir drei Frühaufsteher ein Acht-Bett-Zimmer für uns alleine zur Verfügung haben. So werden wir niemanden beim Schlafen stören, wenn es zur frühen Morgenstunde darum geht, unser Nachtlager abzubrechen.

Licht und Schatten

Castilblanco de los Arroyos – Almadén de la Plata

Kurz vor vier Uhr ist es soweit. Durch das grelle Licht der Zimmerlampe werde ich aus dem Schlaf gerissen. Etwas verwundert bin ich, als ich feststelle, mit Charmaine alleine im Zimmer zu sein, denn von Honorio ist nichts mehr zu sehen. Sofort informiert mich die junge Pilgerin, dass dieser bereits unten vor der Herberge auf uns wartet. Für ihn kann es anscheinend nicht schnell genug gehen, den Nachtmarsch zu beginnen. Ich bin mir indes sicher, die richtige Entscheidung getroffen zu haben, mich an diesem Unternehmen zu beteiligen, vor allem als mir beim Hinaustreten in die dunkle Nacht eine angenehme und kühlende Brise entgegenweht. Nachdem Honorio mit einem Guten-Morgen-Gruß versehen wurde, kann's losgehen.

Zu dritt suchen wir uns den Weg aus der kleinen Stadt, wobei unsere Taschenlampen anfänglich nicht zum Einsatz kommen, denn die Straßenbeleuchtung ist ausreichend. Gelbe Pfeile bekomme ich zwar nicht zu Gesicht, doch auf unseren erfahrenen Spanier ist bestimmt Verlass. So trotten wir im Gänsemarsch durch die wenigen Straßenzüge der Kleinstadt, immer geführt von Honorio. Erst als wir die letzten Häuser passieren, schalten wir unsere Lampen ein. Zuerst leuchten wir alle drei etwas verspielt in der Gegend herum, doch bald bleibt nur noch die Lampe von Honorio an. Abwechselnd einmal nebeneinander, dann wieder in Reih und Glied bewegt sich unsere kleine Truppe durch die Nacht. Geradezu fasziniert sind wir von dem sternenbehangenen Firmament, es kommt uns vor, als ob noch nie so viele Sterne den Himmel bevölkert hätten. Abertausende dieser Himmelskörper tummeln sich über unseren Köpfen. Von Honorio werden Charmaine und ich auf einen breiten, sich über den ganzen Himmel erstreckenden Sternennebel aufmerksam gemacht, der sich wie eine Art Regenbogen über das gesamte

Firmament spannt. „Luz de Camino“, als Licht des Caminos bezeichnet der Spanier diese Erscheinung, wobei das eine Ende des Bogens direkt über Santiago de Compostela niedergehen soll. Meine junge Mitpilgerin und ich sind beeindruckt von Honorios Erklärungen, und ein bisschen stolz bin ich auch, diese Sternenkonstellation zum ersten Mal betrachten zu können. Ob dieser Sternenbogen dann wirklich über Santiago, bzw. das andere Teil über Jerusalem endet, sei jedem Betrachter selbst überlassen. Jedenfalls scheint unser kundiger Spanier davon überzeugt zu sein.

Wie ich gestern meinem Reiseführer entnommen habe, sollten die ersten zwei Stunden recht ereignislos entlang einer wenig befahrenen Landstraße verlaufen. Auf unseren frühmorgendlichen Marsch trifft dies jedoch nicht zu. Wir drei empfinden diesen Teilabschnitt als ganz besonderes und intensives Erlebnis, und fühlen uns klein und unwichtig in der Gesamtheit der Schöpfung.

Die Konversation zwischen uns ist dabei weit in den Hintergrund gedrängt, jeder verspürt auf seine individuelle Weise die Nähe zu sich selbst. Nur ein einziges Mal führe ich ein längeres Gespräch mit Charmaine, wobei mich interessiert, wieso sie sich für diesen Weg entschieden hat. Sie erzählt mir, dass es bei ihr möglicherweise in den Genen liege, solche Touren in Angriff zu nehmen. Ihr Vater, der nur vier Jahre älter ist als ich, habe bis zu seiner frühen Pensionierung vor einem Jahr seine Dienste in der Armee geleistet und als Einzelkämpfer die härtesten Strapazen durchgemacht. So hat er sich in einem mehrwöchigen Trip alleine durch die Wüsten Australiens gekämpft, nur mit einem Messer bewaffnet. Seine spärliche Nahrung sei auf Eidechsen und einige andere, kleine Kriechtiere beschränkt gewesen, der Mangel an Flüssigkeit habe ihm dabei besonders zu schaffen gemacht. Fast bis zur Unkenntlichkeit abgemagert sei er ihr nach vielen Wochen wieder gegenüber gestanden. Sie sei sehr stolz auf ihren Vater, der sich einer solchen Belastungsprobe gestellt habe, und der ihr finanziell diesen Weg ermöglichte.

Erst nach knapp zwei Stunden sind leise Anzeichen des bevorstehenden Sonnenaufgangs zu erkennen, und gegen ein paar wärmende Sonnenstrahlen hat keiner etwas einzuwenden. Lediglich drei Fahrzeuge sind uns seit dem Abmarsch in Castilblanco begegnet. Als der Morgen graut, genehmigen wir uns eine erste Pause. Wir setzen uns auf die Leitplanken und verzehren einen Teil unserer Vorräte. Wenig später dürfen wir die Landstraße nach rechts verlassen, und entlang einer breiten Sandpiste öffnet sich schließlich der Eingang zum Nationalpark El Berrocal. Unendlich weit zieht sich der lose Korkeichenbestand über hügeliges Gelände. Einzig meine Blasenprobleme trüben den Genuss der landschaftlichen Schönheit. Immer wieder entsteht ein mehr oder weniger großer Abstand zu meinen beiden Mitwanderern. Und immer wieder warten sie zwischendurch auf mich. Für wenige Meter machen wir uns dann gemeinsam auf den Weg, bis sich der nächste Abstand bildet. Ich halte daran fest, meine eigene Geschwindigkeit zu gehen und teile den beiden mit, dass es nicht notwendig sei auf mich zu warten – doch sie warten trotzdem. Über etliche Kilometer zieht sich dieses Spiel hin. Auf Feldwegen und angenehmen Laufuntergrund streifen wir wie in einem Labyrinth durch die ausgetrocknete Landschaft. Eukalyptusbäume, Korkeichen und niedrige Sträucher bilden auf langer Strecke das gewohnte Bild. Zwischenzeitlich klettern die Temperaturen sehr rasch, und ich bin froh, heute so früh gestartet zu sein. Honorio ist stets auf der Suche nach einem Schattenfetzen, immer wieder ruft er „sombra“ und schwitzt dabei wie ein Marathonläufer. Mir macht die Hitze nicht allzu viel aus, nur in meinen Schuhen brodelt es. Meine Füße fühlen sich inzwischen richtig weichgekocht an. Nach einer längeren, gemeinsamen Rast unter einer alten Korkeiche, bei der ich für eine ordentliche Entlüftung sorgte, reiht sich die junge Singapurerin beim Weitermarsch überraschend hinter mir ein. Honorios ständige Temposprints von einem Schatten zum nächsten stören sie ein wenig. Auf jetzt schmalen Pfaden, die von ausgetrocknetem Rinderdung überhäuft sind, folgt sie mir schweigend für gut eine halbe Stunde, gleichsam als mein Schattenbild. Dann geht es einen letzten und sehr schweißtreibenden Anstieg hinauf, wo wir mit einem wunderbaren Ausblick auf den zurückliegenden Nationalpark und zugleich auf das im Tal vor uns liegende Etappenziel Almadén de la Plata belohnt werden. Unser tapferer und klatschnasser Spanier hat mit dem steilen Anstieg wirklich zu kämpfen, und sichtlich erleichtert lässt er sich auf dem nächstbesten größeren Steinbrocken nieder.

Honorio und Charmaine bei der gemeinsamen Rast

Regelrecht geblendet werden wir von dem unter uns liegenden, weißen Häusermeer des zwischen zwei Hügelketten eingebetteten, knapp 2000 Einwohner zählenden Städtchens. Gleich am Ortsrand begrüßt uns eine Herde der typisch schwarzen, iberischen Schweine, die sich in einem Gehege auf dem staubtrockenen Boden wälzen. Sauwohl fühlen sich die prallgefressenen Borstentiere. Nach dem Motto, nur wer saugut lebt, kann später auch entsprechend schmecken, scheinen sie ihre befristete Lebenszeit zu genießen.

Am anderen Ortsende finden wir Unterkunft in der städtischen Herberge, in der es im Schlafraum wieder etwas eng zugeht. Ansonsten ist es eine passables Haus mit großzügigem Aufenthaltsraum und einem gemütlichen Innenhof. Nach einem Duschbad nutze ich die Zeit für eine ausgiebige Fußpflege, bei der meine neu hinzugekommenen Blasen im Vordergrund stehen. Mit Nadel und Faden behandle ich die unliebsamen Begleiterscheinungen, wobei sich kleine Wasserläufe auf mein Handtuch ergießen. Während meiner Pediküre komme ich mit einem 60-jährigen Deutschen namens Manfred ins Gespräch, der sich für seine ersten Wandertage gleich zu viel zugemutet hat. Die Strecke, die die meisten Pilger in drei Tagen zurücklegen, hat er in zweien bewältigt. Gleich zu Beginn seiner Pilgerreise hat er sich die Doppeletappe von Sevilla bis Castilblanco auferlegt und sich dabei gigantische Blasen gelaufen. Er verweilt bereits einen ganzen Tag in dieser Herberge, die auch in den folgenden sein Domizil sein soll. Bei einem Arztbesuch wurde ihm heute Vormittag nämlich eine Wanderpause von fünf Tagen verordnet. In Anbetracht der Monsterblasen, die sich unter seinen Fußsohlen gebildet haben, ist dies mehr als verständlich. Das schmerzt schon beim Hinschauen! Meinen verzögerten Start in Sevilla sehe ich nun mit ganz anderen Augen, denn für meinen ersten Wandertag hatte ich mir ursprünglich die gleiche Streckendistanz vorgenommen und wäre wahrscheinlich in einer ähnlichen Verfassung wie mein leidender Pilgerkollege. Manfred will auf jeden Fall drei Tage in Almadén bleiben und dann entscheiden, ob er die Vía fortsetzt oder vorzeitig nach Hause fliegt, um seinen Urlaub anderweitig zu verbringen. Ich dagegen setze auf die Regenerierungskräfte meines Körpers, um auch morgen munter weiter zu ziehen. Auf jeden Fall sind wir nicht die einzigen, die sich mit irgendwelchen Blessuren herumplagen, nahezu allen Pilgern geht es mehr oder wenig ähnlich.

Im Laufe des heißen Nachmittags treffen immer mehr bekannte und meist sehr erschöpfte Wanderkollegen ein. Dreißig Kilometer durch die glühende Sonne Spaniens sind mit entsprechendem Marschgepäck eine nicht zu unterschätzende Herausforderung. So plane ich für den morgigen Tag wieder eine kürzere Etappe ein, die längeren werden gewiss noch folgen. Von dieser Einstellung lasse ich mich auch nicht abbringen, als später Sabine und Swen - das mir schon aus Castilblanco bekannte, etwa gleichaltrige und sympathische Paar aus der Nähe von Freising - ankommen, die eine Doppeletappe in Angriff nehmen wollen.

Blick auf Almadén de la Plata

Zur größten Hitze etwa gegen 17 Uhr ist unser Schlafraum fast bis auf den letzten Platz gefüllt. Verwundert bin ich etwas über den Auszug der Norwegerin Eva und ihres holländischen Begleiters Joseph, denen es in der Herberge zu voll wurde, und die sich deswegen für eine Privatunterkunft entschieden haben. Erst als sie mir mitteilen, dass sich im Obergeschoss der Herberge ein zweiter Schlafsaal befindet, den die Herbergsbetreiberin jedoch nicht öffnen wollte, konnte ich ihre Verärgerung verstehen. Luft- und platztechnisch hätte man den Pilgern wirklich entgegenkommen können.

Beim anschließenden Einkauf im Supermarkt bin ich beeindruckt von der ungewöhnlichen Dekoration des Lebensmittelladens. Unter der Decke des gesamten Einkaufsmarktes hängen Unmengen von bis zu achtzig Zentimeter langen, geräucherten Schinkenhaxen, deren Anblick einem das Wasser im Munde zusammenlaufen lässt. Diese spanische Spezialität, von denen hundert Gramm schon mal bis zehn Euro kosten, genießt einen vorzüglichen Ruf weit über die Grenzen des Landes. Für Honorio, der mich begleitet, und für mich gibt's dagegen nur Stangensalami, Käse und Tomaten – als Wanderbelohnung und zum besseren Einschlafen ein Fläschchen vom spanischen Rotwein.

Gemeinsam mit einigen anderen Pilgern, darunter auch das mir mittlerweile gut vertraute französische Paar, machen wir es uns für eine Brotzeit im Innenhof der Herberge gemütlich.

Trotz des frühen Aufstehens und des Rotweins gelingt es mir nur schwer, Schlaf zu finden. Denn auf dem kleinen Platz direkt vor der Herberge sind die Dorfkinder anscheinend zur Pilgerbettgehzeit gerade zur Höchstform aufgelaufen. Bis um Mitternacht verbreiten sie gehörig Lärm und werden bei den allmählich sinkenden Temperaturen erst so richtig munter.

Nur wer saugut lebt ...

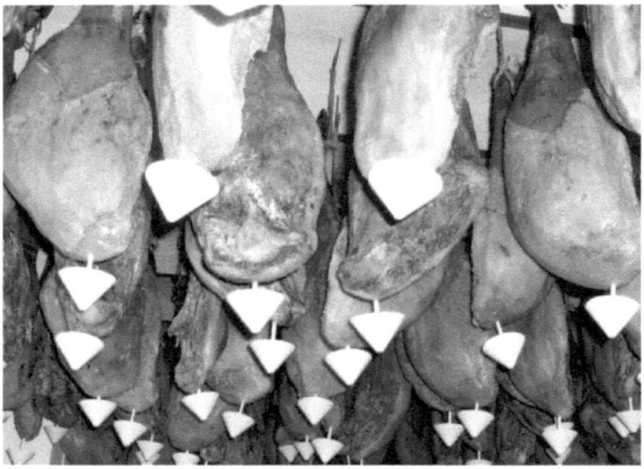

... kann später saugut schmecken

Gassi gehen einmal anders

Almadén de la Plata – El Real de la Jara

Auf meine Regenerierungskräfte ist also auch kein großer Verlass, denn in meinem rechten Unterschenkel verspüre ich ein unangenehmes Ziehen. Ich vermute eine leichte Tendinitis – nichts Schlimmes, aber es gilt darauf zu achten. Zufällig habe ich gestern mit Swen über diese bei Pilgern weitverbreitete und oft mit heftigen Schmerzen verbundene Schienbeinentzündung ein ganz amüsantes Gespräch geführt, in dem er mir zur Vorbeugung bzw. zur Abmilderung seinen persönlichen Trick verriet. Man muss beim Gehen nur etwas in die Knie gehen, so dass die Oberschenkel mehr belastet und die Unterschenkel besser entlastet werden. „Sieht zwar irgendwie komisch aus, aber es hilft", hatte er noch hinzugefügt. Dass ich so schnell auf seinen extravaganten Tipp zurückgreifen würde, hätte ich nicht geglaubt. Gleich auf dem Weg ins nächste Café setze ich seinen Ratschlag in die Praxis um. Auf sonderliche Weise fühlt man sich beobachtet, wenn man so im angedeuteten „Toilettensitzgang" durch die Straßen läuft – oder ist es nur Einbildung? Ist auch egal, ich muss mich ja nicht rechtfertigen für meine Gangart, bei der ich tatsächlich das Gefühl habe, als würde es meinem Unterschenkel gut tun.

Kaum habe ich zum zweiten Mal an meinem heißen Milchkaffee geschlürft, deutet sich eine längst erhoffte Entleerung im Unterbauch an. Seit Sevilla, also seit drei Tagen habe ich auf diesen Moment gewartet, und während meiner „Sitzung", schießt mir plötzlich meine vorherige Gangart in den Kopf, und ich überlege, ob sie nicht auch zu einem gewissen Teil zu diesem Ergebnis beigetragen haben könnte. Auf jeden Fall ertappe ich mich, wie ich soeben beginne, in die eigenartige und mir aus dem vergangenen Jahr vertraute Assoziationswelt des Pilgerseins abzutauchen. Man hat ja sonst keine größeren Sorgen, als sich um den Stuhlgang, die Nahrungsbeschaffung und die Aufrechterhaltung der körperlichen Leistungsfähigkeit zu kümmern, alle sonstigen weltlichen Probleme entschwinden allmählich aus der Gedankenwelt. Deutlich erleichtert trete ich aus der Bar und gehe nochmals zurück zur Herberge, in der Manfred jetzt der einzige Gast ist. Es folgen ein paar gegenseitigen Aufmunterungen, und im Gegensatz zu gestern begebe ich mich als letzter Pilger auf die heutige Etappe.

Nach Verlassen des malerischen Städtchens leiten mich die Pfeile auf einen Feldweg, der sich durch eine wunderschöne Hügellandschaft schlängelt. Mehrmals greife ich zu meiner Kamera, denn herrliche Motive gibt es in Hülle und Fülle. Ich bin froh, dass ich heute wieder alleine unterwegs bin, gehe mein eigenes Tempo und lasse mich von nichts treiben. Und ganz nebenbei ist sogar das leichte Ziehen am Unterschenkel verschwunden. Ein eigenartiges Gefühl von Ruhe ist plötzlich in mir eingezogen, und auch der Faktor Zeit spielt keine Rolle mehr. Jetzt am vierten Tag meiner Pilgerreise weiß ich, dass ich endlich auf der Vía angekommen bin.

Schmale Pfade wechseln mit sandigen Pistenwegen, und auf dem leicht hügeligen Terrain laufe ich durch Felder und Dehesas. Immer wieder öffne und schließe ich neue Tore, und immer wieder trete ich ein in eine neue, eigene Welt. Andalusien zeigt sich nochmals von seiner schönsten Seite, bevor ab morgen für rund 320 Kilometer die autonome Region Extremadura für viele Tage mein Wandergebiet sein wird. Die gelben Pfeile lotsen mich vorbei an weidenden Kühen, von denen mich eine heftig anschnaubt, als ich an ihr vorbeiziehe. Mitten durch die Herden der schwarzen Schweine führt der Weg, richtig umzingelt werde ich von ihnen und muss aufpassen, dass ich ihnen nicht auf die Klauen trete. Knapp fünfzig Meter weiter im einem zaunumgrenzten Freilauf spielen junge Ziegen miteinander und üben kleine Kämpfe untereinander auszutragen. Doch auch große Ziegen- und Schafherden kreuzen meinen Weg. Es ist wie in einem weitläufigen Tierpark, und irgendwie beneide ich die

Besitzer dieser prachtvollen Haziendas, an denen mich mein Weg bis auf wenige Meter vorbeiführt. Es sind freundliche Menschen, die Zufriedenheit ausstrahlen, und die die Pilger herzlich grüßen.

Traumfinca

Eine Viertelstunde später ändert sich meine Gefühlswelt jedoch schlagartig, als zwei mittelgroße, freilaufende Hunde mitten in der Prärie wild schwanzwedelnd auf mich zustürmen und binnen Sekunden für einen spürbaren Adrenalinausstoß in meinem Körper sorgen. Die beiden hellen, fast weißen Streuner laufen mir direkt zwischen die Beine, so dass ich für einen Moment stehenbleiben muss, um ihnen nicht auf die Pfoten zu treten. Mehrmals umkreisen sie mich und beschnuppern mich eifrig von allen Seiten. Bestimmt riechen sie den Rest meiner mitgeführten Stangensalami, denke ich, was zweifellos ein guter Happen für sie wäre. Intuitiv setze ich meinen Weg scheinbar unbeirrt fort und versuche, ihnen so wenig Aufmerksamkeit wie möglich zu schenken. Ich hoffe, dass sie heute Morgen ihr Fressen schon irgendwo anders erhalten haben und somit nicht auf mich angewiesen sind. Falls sie doch Unfug mit mir vorhätten, würde mir in dieser abgelegenen Gegend niemand zu Hilfe kommen können. Und auch zu mächtigen Sprüngen sind sie in der Lage, wie sie mir gerade drei Meter vor meiner Nase eindrucksvoll demonstrieren. Jedenfalls sehe ich keine Möglichkeit, die beiden Herumtreiber los zu werden. Dabei beschränkt sich ihr Aktionsradius auf wenige Meter vor und hinter mir, und immer wieder beschnuppern sie mich. Schließlich keimt in mir ein leiser Hoffnungsschimmer auf, als das nächste Tor in Sichtweite kommt. Vielleicht gelingt es mir, sie dort abzuschütteln. Ich ergreife das Gatter, öffne es einen kleinen Spalt und muss meinen ganzen Mut zusammen nehmen, um die direkt an meinen Füßen sitzenden und hechelnden Hunde zur Seite zu drängen, damit ich alleine das Tor passieren kann. Mit einem vernehmlichen Winseln quittieren sie diese Maßnahme. Ich habe sie abgeschüttelt und atme erst mal durch. Doch der Frieden währt nicht lange, denn kurz darauf beginnen sie erneut, mich zu umkreisen. Sie haben ein Schlupfloch gefunden, und als ich auf ihr Gebiss mit den vielen spitzen Zähnen blicke, bin ich für einen Moment nicht sicher, ob sie mit mir bloß spielen wollen oder doch etwas anderes planen. Auf jeden Fall bleibt mir nichts übrig, als möglichst unbeeindruckt weiter zu gehen. Als das nächste Tor in Sichtweite kommt, ist mein Hoffnungsschimmer deutlich kleiner als beim ersten. Schon kurz darauf haben sie wieder ein Schlupfloch gefunden und heften sich an meine Fersen. Nach insgesamt drei Kilometern und zwei weiteren Toren sind sie zum Glück so schnell verschwunden wie sie aufgetaucht waren. Erst kann ich es gar nicht glauben, doch vielleicht haben sie begriffen, dass die Wurst im Rucksack bleibt.

Zehn Minuten später kommt mir auf einer breiteren Sandpiste unter ständigem Hupen ein Geländefahrzeug entgegen. Direkt vor meinen Füßen stoppt es, und die junge Fahrerin fragt mich, ob mir zwei Hunde begegnet seien, ein weißer und ein schwarzer. Zusätzlich deutet sie mir mit einer unmissverständlichen Handbewegung an, dass es sich dabei um zwei größere Exemplare handele. Als ich ihr erzähle, dass ich eine ganze Zeit lang von zwei weißen, mittelgroßen Hunden begleitet worden sei, bedankt sie sich freundlich und fährt hupend wieder weiter. Anscheinend läuft da noch so ein Vierbeinerpaar durch die Gegend, und ich hoffe, dass dieses sich einen anderen Pilger zur Unterhaltung aussucht.

Eine halbe Stunde später komme ich gesund und unversehrt in der Herberge von El Real de la Jara an und werde von Honorio, Raul und Charmaine, die gerade in den Ort aufbrechen wollen, gleich mitgenommen.

Zu Raul, einem knapp über 60-jährigen Spanier, hatte sich während der letzten Tage ein sehr gutes Verhältnis entwickelt. Zum ersten Mal begegneten wir uns in Sevilla, an dem Morgen, an dem ich auf mein Gepäck warten musste. Ich sprach ihn etwas neidisch an, als ich ihn mit seinem Rucksack durch die Straßen laufen sah und wünschte ihm ein „Buen Camino". Daraufhin kamen wir in ein kurzes Gespräch, in dem ich ihm mein Malheur erklärte. Bereits an den beiden Vortagen trafen wir uns in den Herbergen, wobei wir uns selbstverständlich an die ungewöhnliche Kontaktaufnahme in Sevilla erinnerten. Der immer zu Scherzen aufgelegte Spanier aus Santander hat sich unserer lockeren Gruppe um Honorio und Charmaine angeschlossen und bildet mit seinem trockenen Humor so etwas wie den Gegenpol zum geschwätzigen und sich über viele Dinge Gedanken machenden Honorio. So erklärt er mir auf seine vergnügliche Art, dass die Spanier gerademal ein bis zwei Stunden am Tag arbeiten und sich jede weitere Stunde genau überlegen würden. Und im Duschraum der heutigen Herberge würde auf jeden Pilger eine rassige Spanierin warten, die den Pilgern behilflich sei.

Nach der Ortsbesichtigung ist der weitere Nachmittag zum Ausruhen bestimmt. Die meisten Pilger unserer Stube, und das sind auf der Vía zu meinem Erstaunen sehr viele ältere, nicken kurz weg, was mir um diese Uhrzeit noch nie gelungen ist. Nach ein paar Tagebuchaufzeichnungen finde ich schließlich den Weg unter die Dusche, doch die rassige Spanierin muss zwischenzeitlich verschwunden sein.

Zu siebent stehen wir später eine ganze Stunde vor den verschlossenen Türen eines Supermarkts und werden pausenlos von Honorios Wissen über die heimatliche Flora überschüttet.

Dabei offenbaren sich erneut die sehr unterschiedlichen Charakterzüge der beiden älteren Spanier, denn Raul findet ständig einen Ansatz, die Weisheiten seines Landsmannes ins Komische zu ziehen, was den gewünschten Unterhaltungswert mit sich bringt.

Nach dem Einkauf sitzen wir in der Herberge bei einer gemeinsamen Brotzeit, und ich verleibe mir zwei Dosen von dem leckeren Pulpo ein. Bald darauf liegen die ersten Mitpilger in ihren Betten. Pünktlich um 22 Uhr sorgen sie dafür, dass das Licht gelöscht wird, schließlich ist morgen früh die Nacht wieder zu Ende. Für mich verrinnt noch etliche Zeit, bis ich endlich in den Schlaf falle.

Logis in der Villa Kunterbunt

El Real de la Jara – Monesterio

Durch das frühmorgendliche Geraschel der aufbrechenden Pilger geweckt, fällt mein erster Blick auf Raul, der bereits fertig angezogen neben meinem Bett steht. „Zwanzig Minuten nach sechs“, antwortet er auf meine Frage nach der Uhrzeit. Ich drehe mich nochmals um, denn die örtliche Bar öffnet erst um sieben, wie ich gestern erfahren habe. Falls möglich will ich mich nicht ohne Kaffee auf den Weg machen. Ohne große Eile packe ich wenig später meine Sachen und stehe kurz vor sieben vor dem noch verschlossenen Lokal. Gemeinsam mit vier Einheimischen warte ich bis zur Öffnung und schlürfe dann in aller Ruhe meinen Milchkaffee. Als ich mich wieder auf die Strecke mache, sehe ich Eva und Joseph auf die Wirtschaft zulaufen. Mit hochgehaltenen Stöcken grüße ich beide, erhalte jedoch keine Erwiderung. Für einen Moment hinterfrage ich ihr Verhalten, doch gleich darauf hake ich diese Gedanken unter der Rubrik – jeder wie er möchte – ab.

Heute könnte es den ersten Regentag auf der Vía geben, zumindest tröpfelt es ab und zu auf mich herab. Auch die heißen Temperaturen der Vortage sind erstmals vorüber. Mit Fleecepullover und teils mit übergezogener Regenjacke geht es heute durch die Landschaft. Bei diesem Wetter kommt ein leichter Anflug von Melancholie auf, und da heute Sonntag ist, werde ich an so manchen unliebsamen Spaziergang aus meiner Kindheit erinnert. Ich will damit nicht sagen, dass diese Wanderungen damals keinen Spaß gemacht hätten, aber manchmal waren sie eben lästig.

Eine halbe Stunde hinter El Real de la Jara ist es dann soweit, der kleine Grenzfluss zwischen Andalusien und der Extremadura wird überschritten. Gleich danach erheben sich auf einem kleinen Hügel die Reste einer mittelalterlichen Burg. Während ich versuche, ein idyllisches Foto von diesem markanten Platz zu machen, läuft ein Franzose zu mir auf, der als Transportmittel für sein Hab und Gut einen Rollwagen hinter sich herzieht. An einem speziellen Tragegeschirr, das er um den Rücken gezogen hat, werden die zwei Handgriffe seines Wagens befestigt. Über einen etwa fünfzehn Zentimeter großen Gummireifen wird sein Spezialfahrzeug über den Boden gezogen, für den Jakobsweg sicherlich nicht nur eine rückenschonende, sondern auch ganz flotte Transportalternative, wie ich gleich erfahren darf. Obwohl ich merke, dass ich von Tag zu Tag besser in Form komme und ich bald längere Etappen in Angriff nehmen möchte, mache ich mir erst gar nicht die Mühe, ihm zu folgen. Vor allem auf leicht abschüssigem Gelände ist er mit seinem Rollgefährt eindeutig im Vorteil. Der Schiebeeffekt treibt ihn richtiggehend voran. Wie es ihm bei felsigem, steinigem oder auch sumpfigem Untergrund ergeht, ist allerdings fraglich.

Über die nächsten zwei Stunden bleibt es für mich ein typischer Sonntagsspaziergang, und die Extremadura beginnt nicht so extrem, wie es sich dem Wortlaut nach vermuten ließe. Das einzige Erwähnenswerte ist der Überholvorgang eines Iren – der übrigens auch aussieht, wie man sich einen typischen Iren vorstellt – als ich mich während einer kurzen Rast meiner Regenkluft entledige. Doch schon eine halbe Stunde später, an einer unübersichtlichen Wegkreuzung mit einem Autobahnzubringer und einer Landstraße, erspähe ich den rotblonden Insulaner wieder, fernab der Piste nach dem richtigen Weg suchend. Mit meinen Wanderstöcken winke ich ihm zu, worauf er umkehrt und meine Richtung einschlägt. Als es im weiteren Verlauf mehrmals die Leitplanken der Landstraße zu überqueren gilt, und der Wanderweg teils seitlich abschüssig, etwas holprig und stellenweise steiler wird, habe ich auch den Franzosen mit dem Rollwagen eingeholt. Miguel ist sein Name, und wie viele andere Pilger ist er über sechzig. Als es dann erneut zu tröpfeln beginnt, und wir einen langen und steilen Anstieg auf einer geteerten Nebenstraße vor uns haben, lasse ich meinen Berglaufkünsten freien Lauf und ziehe davon.

Miguel und sein Rollwagen

Mitten im Anstieg komme ich mit jedem Schritte auch Charmaine näher, die die Herberge heute sehr frühzeitig verlassen hat und jetzt einen ziemlich abgekämpften Eindruck macht. Mit einem knappen und spaßig gemeinten „Buenos Días“ fliege ich förmlich an der jungen Pilgerkollegin vorbei. Und wieder verspüre ich eine Energie, die mir zeigt, dass meine Einlauftage auf der Vía der Vergangenheit angehören. Oben auf der Bergkuppe habe ich dann direkte Sicht auf das nur etwa einen Kilometer entfernte Etappenziel Monesterio. Der Sonntagsspaziergang nähert sich seinem Ende.

Ab da lasse ich es gemächlich angehen, so dass der Reihe nach Miguel und kurz darauf Charmaine zu mir auflaufen können. Gemeinsam begeben wir uns auf Quartiersuche, wobei wir feststellen müssen, dass die Herberge im Gebäude des Roten Kreuzes am Sonntag geschlossen ist. Eine kurze Erfrischung in einer Bar nutzen wir zum Überlegen, wo wir sonst noch unterkommen könnten. Wie gerufen laufen uns Honorio und Raul über den Weg, die ebenfalls vor der verschlossenen Herberge standen. Sie teilen uns mit, dass sie in einer Privatunterkunft nur knapp hundert Meter entfernt untergekommen sind, in der noch einige Zimmer frei seien. Sogleich machen wir uns auf den

Weg.

Mit dem Haustürschlüssel, den ihnen die Vermieterin übergeben hat, öffnet Raul die große Eingangstür. Und wieder trete ich ein in eine andere Welt, in eine Welt, in der sich Pippi Langstrumpf mehr als wohl fühlen würde. Kein Türstock sitzt gerade, Türflügel hängen nur an einem Scharnier, und die Einrichtungen in den einzelnen Schlafräumen stammen vermutlich aus dem 19. Jahrhundert. Alle Zimmer sind mit Bergen von Gerümpel gefüllt, sogar auf den Betten ist kaum Platz, um sich niederzulassen. Ein Raum, den wir auf Anhieb Charmaine zuteilen, ist vollgestopft mit Puppen. In meinem Zimmer sieht es kaum einladender aus. Alte Bettwäsche und schäbige Decken soweit das Auge reicht, aber das Bett ist frei. In dem kleinsten Zimmer gleich neben dem Bad hat sich Raul bereits ausgebreitet und präsentiert sich uns mit einem riesigen, vor seine Brust gehaltenen Büstenhalter aus längst vergangenen Modezeiten. Als kurz darauf die allenfalls 1,50 Meter kleine Hausbesitzerin erscheint, wird klar, wem dieses Wäscheteil zuzuordnen ist. Da dürfte kein großer Unterschied sein zwischen Körpergröße und Brustumfang, und Raul ist froh, seine Demonstration gerade noch rechtzeitig beendet zu haben. Als uns die voluminöse Eigentümerin das Badezimmer zeigt, stellen wir fest, dass auch der Nassbereich zu den übrigen Räumlichkeiten passt. Unmengen an Wasch- und Duschlotionen, Sprays, Tinkturen und Schminkartikeln – um nur einiges zu nennen – füllen jede Nische des Baderaumes. Einen Vorteil hat das Wirrwarr, man kann im Haus kein Chaos mehr erzeugen, es ist bereits vorhanden.

Nachdem wir alle der Reihe nach geduscht und auch gewaschen haben, taucht der zirka vierzigjährige Sohn unserer Vermieterin auf. Er berichtet uns, dass er gerade aus seiner Stammkneipe kommt, wo er sich sonntags regelmäßig seiner Lieblingssportart widmet. Er sei begeisterter Schachspieler und fragt in die Runde, ob unter uns ein adäquater Gegner für ihn wäre. Auch sein Erscheinungsbild passt sich nahtlos der Hauseinrichtung an. Sein schütteres Haupthaar, das er auffällig lang trägt, und das mittels eines vermutlich eingemeißelten Seitenscheitels hauptsächlich auf einer Kopfseite getragen wird, dazu sein nicht zu übersehender Bauchansatz, seine bräunliche und viel zu kurze Cordhose sind nur einige Merkmale, die den Sohn unserer Vermieterin kennzeichnen. Als er bei einem Kontrollgang durch die Zimmer bemerkt, dass von uns sein Privatzimmer in Besitz genommen wurde, lässt er nicht locker, so dass einer unserer Gruppe umquartiert werden muss. Ausgerechnet das Puppenzimmer von Charmaine ist seine ganz persönliche Schlafstätte, deshalb bleibt der Singapurerin ein Umzug nicht erspart. Auch beim Kassieren der jeweils zehn Euro für die Übernachtung zeigt er sich als Oberhaupt der Familie, bevor er wieder in seine Lieblingsbar aufbricht.

Wir fünf verspüren nun riesigen Hunger, und von der Vermieterin wird uns eine Gaststätte empfohlen, in der es vorzügliche Pilgermenüs geben soll. Ohne langes Zögern begeben wir uns dorthin. Ein traumhaftes Gazpacho als Vorspeise, Lammkoteletts als Hauptspeise und eine Art Tiramisu mit Schlagsahne als Dessert, mein bisher bestes Essen auf der Vía. Und das für neun Euro, Rotwein inklusive. Nur mein französischer Freund Miguel hat mit seiner Nudelvariation als Hauptspeise etwas danebengegriffen. Deutlich verkocht und ohne Biss, so muss er sie vertilgen. Während wir uns bereits den Nachtisch im Munde zergehen lassen, betritt der Ire, den ich vor wenigen Stunden wieder auf den richtigen Weg gebracht habe, das Lokal. Er nimmt am Nebentisch Platz, und bei einer kleinen Unterhaltung berichte ich ihm unter anderem von der Begegnung mit einem Landsmann auf meinem Camino vom Vorjahr. Sein Interesse gilt jedoch mehr der Speisekarte, wobei ich ihm von dem Nudelgericht abrate, für das er sich offenbar entscheiden will. Ich empfehle ihm das vorzügliche Gazpacho und eines der Fleischgerichte. Doch wenn sich so ein Ire etwas in den Kopf gesetzt hat, dann ist es schwer, ihn davon abzubringen. So soll er eben mit seinen Nudeln glücklich werden, denke ich mir, und verlasse mit den anderen das Lokal.

Raul und Honorio bei ihren kleinen Schäkereien

Nach einer gemeinsamen Etappenvorschau auf die nächsten Tage entschließen wir uns noch zu einem Barbesuch, wo wir auf Eva und Joseph treffen. Da wir am Nebentisch Platz nehmen, bleibt es nicht aus, dass ich vom Gespräch meiner sich bisher etwas distanziert gebenden Pilgerkollegen einiges mitbekomme. Vor allem weil ihr Gespräch ausschließlich in Deutsch geführt wird, denn der dritte in ihrer Runde ist ein Österreicher, der mit Joseph lebhaft diskutiert. Die ständig rauchende Norwegerin wirkt dabei ziemlich gelangweilt. Nach einigen Minuten wendet sie sich um und beginnt ein Gespräch mit mir. Dabei kann ich mich des Eindrucks nicht erwehren, dass die Harmonie zwischen ihr und ihrem holländischen Kollegen leicht getrübt ist. Für mich ist dies nicht allzu verwunderlich, denn wenn man über mehrere Tage so eng zusammenhängt und sich gegenüber anderen geradezu abschottet, wird man sich vielleicht überdrüssig. Auf jeden Fall wirkt Eva auf mich heute sehr gesprächig, und der angetrunkene Österreicher ist wohl überhaupt nicht ihr Fall. Ich bin gespannt, wie sich das weiter entwickelt zwischen diesem Wanderpaar.

Der Himmel zeigt sich weiterhin wolkenverhangen, und die Wäsche, die wir im Innenhof unserer Unterkunft aufgehängt haben, ist immer noch sehr feucht. Plötzlich spricht sich unter uns herum, dass in Honorios Zimmer ein elektrischer Heizlüfter steht, der zum schnelleren Trocknen seine Dienste leisten könnte. Honorio hat bereits damit begonnen. Natürlich soll die Vermieterin von unserer Aktion auf keinen Fall etwas mitbekommen. Als nächsten beobachte ich Raul, wie er gerade versucht, seine feuchte Wäsche möglichst schnell an diesem Elektrogerät zu trocknen. So nahe an den Heizlüfter hält er seine klammen Kleidungsstücke, dass schon richtig unangenehme Gerüche von dem überlasteten Gerät aufsteigen. Als ich wenig später in meinem Zimmer gerade meine Sachen ordne, vernehme ich einen dumpfen Knall und gleichzeitig geht das Licht aus. Ich krame nach meiner Taschenlampe und trete in den dunklen Flur, wo ich nicht der einzige bin, der da leuchtet. Wir fünf wissen sofort, was passiert ist, doch vor der Vermieterin geben wir uns ahnungslos. Es bleibt nichts anderes übrig, als den Sohn aus seiner nahen Stammkneipe zu holen, damit er den Stromausfall behebe. Mitten aus einer Schachpartie wurde er angeblich gerissen und nun werden der Reihe nach die Sicherungen kontrolliert. Für wenige Sekunden haben wir schließlich Licht, dann wird es wieder finster. Jetzt wird in einem Schaltkasten über der Eingangstür noch gecheckt und tatsächlich, nach insgesamt zwanzig Minuten Inspektion bleibt das Licht auch an. Den Heizlüfter erwähnen wir selbstverständlich nicht.

Wenig später versinke ich tief in meiner ausgelegenen Matratze, und bald darauf kehrt Ruhe ein in der Villa Kunterbunt.

Tête-à-tête mit einem Franzosen

Monesterio – Calzadilla de los Barros

Überrascht werden wir am Morgen von unserer Vermieterin, die uns heißen Kakao und geröstetes Brot serviert, das mit einem Essig-Öl-Gemisch beträufelt und nach Belieben mit Salz bestreut werden kann. Schmeckt gar nicht mal so übel, und der Salzgehalt in unseren Zellen dürfte während der vergangenen Wandertage auch auf ein bedenkliches Tief gesunken sein. Bei meinem zweiten Brot, das ich mit dieser Mischung übergießen möchte, öffnet sich versehentlich der Verschluss, und ich schütte die halbe Flasche auf meinen Teller. Mit Raul und Honorio finde ich jedoch dankbare Abnehmer, die ab sofort ihre Brote in meinen Teller tunken.

Einzeln verlassen wir nacheinander die private Bleibe, und als letzter von uns fünf trabe ich in überschaubarem Abstand hinter Miguel her. Auf den ersten Kilometern lasse ich mir gerne etwas mehr Zeit, ich genieße die morgendliche Ruhe und gehe meinen eigenen Rhythmus. Mit jedem Schritt, den ich setze, beginne ich mich mehr von meinem Alltag zu entfernen und mache Platz für die Dinge, die mich scheinbar auf diese Reise geführt haben. Es ist die Reduktion auf die einfachen Dinge des Lebens, das bewusste Wahrnehmen der Umwelt und das Hineinhorchen in sich selbst. Meine Pilgertour ordne ich dabei in zwei Bereiche. In einen weltlichen, augenscheinlichen Teil – meine Reise von Stadt zu Stadt, von Dorf zu Dorf, von Herberge zu Herberge, das Wandern in der Natur und auch die Begegnungen mit den Menschen. Und in einen geistigen, nach innen gekehrten Teil – die Reise meiner Gefühle, Gedanken und meine persönliche Entwicklung. Und selbstverständlich hoffe ich auf einen positiven Ausgang beider Touren.

Während dieser Überlegungen muss ich meine Marschgeschwindigkeit etwas vernachlässigt haben, denn von meinen Pilgerfreunden ist niemand mehr in Sicht. Doch aus Erfahrung weiß ich, dass ich im Laufe einer Etappe bestimmt den einen oder anderen wieder zu Gesicht bekomme. Und so ziehe ich ohne Eile meines Weges.

Seit dem Eintritt in die autonome Region Extremadura gesellen sich zu den vertrauten, gelben Richtungspfeilen etwa 40 Zentimeter große Granitquader, die den Pilgern zusätzlich als Wegweiser dienen. Die Quader sind mit verschiedenfarbigen Kacheln bestückt, die unterschiedliche Bedeutung haben. Gelbe Kacheln zeigen an, dass hier die aktuelle und gut zu begehende Jakobswegroute verläuft. Quader mit gelber und grüner Kennzeichnung weisen darauf hin, dass man auf der historischen Vía de la Plata-Route, der sogenannten *Calzada romana*, läuft. Granitquader mit nur grüner Kennzeichnung bedeuten ebenfalls den Originalweg, weisen aber auf teils unwegsames Gelände hin. Verlass ist dagegen stets auf die gelben Pfeile. Kurz nach der Überquerung einer kleinen Teerstraße stoße ich dann auf einen gelb-grün gekachelten Quader, auf dem der ausgehöhlte Schädel eines ehemaligen, größeren Weidetieres abgelegt wurde. Ob man den Pilgern damit etwa Angst einflößen will? Für mich ist es jedenfalls ein willkommenes Fotomotiv.

Die noch zu Beginn der heutigen Etappe durchlaufenen Dehesas mit ihren alten Kork- und Steineichen weichen nun einer spärlicheren Vegetation. Allmählich gewinnt eine baumlose Heidelandschaft die Oberhand, und Ginstersträucher bestimmen zeitweilig das Landschaftsbild. An einer Weggabelung bleibe ich kurz stehen, da die Streckenführung nicht ganz eindeutig ist. Ein gelber Pfeil weist nach rechts, während ein Granitquader mit gelb-grüner Markierung auf den linken Weg deutet. Ich überlege kurz, und entscheide mich, dem gelben Pfeil zu folgen. Als dann auch die Ginsterbüsche verschwinden, wird der Blick frei in eine weite Landschaft, und bis zum Horizont bestimmen größtenteils schon abgeerntete Felder das Bild. Jetzt kann ich auch zwei meiner Pilgerkollegen erkennen. In nicht allzu weitem Abstand sehe ich Miguel mit seinem Rollwagen, den er unermüdlich hinter sich herzieht und als kleinen Punkt, gerade über einer Anhöhe verschwindend, die junge Einzelkämpferin Charmaine. Meine Schrittfrequenz, die jetzt ständig zunimmt, bringt mich den beiden näher. Wie schon gestern laufe ich an einem längeren Anstieg zu Miguel auf. Kurz sprechen wir über die zurückliegende, ungenau ausgeschilderte Wegegabelung, und Miguel berichtet mir, dass Honorio und Raul sich für die andere Seite entschieden hätten. Dann ziehe ich an dem mit seinem Rollgefährt bergauf benachteiligten Franzosen vorbei. Oben auf dem Hügel kann ich in der Ferne das weiße Häusermeer der etwa 5000 Einwohner zählenden Kleinstadt Fuente de Cantos erblicken. Und auch Charmaine bin ich ein gutes Stück näher gekommen.

Kurz vor der Stadt wandere ich an einem Gehöft vorbei, wo ich von einer riesigen, mit furchterregendem Gebell ausgestatteten Monsterdogge stürmisch begrüßt werde. Glücklicherweise ist hier eingezäunt. An dieser Stelle werden die Pilger durch einen großen Pfeil auf die Restdistanz bis zu ihrem Pilgerziel hingewiesen: „A SANTIAGO 889 KM“. Sehr ermutigend. Fünf Minuten später ist es dann wohl Miguel, der die Aufmerksamkeit des Hofhundes erregt, wie ich aus dem dumpfen Kläffen hinter mir schließe. Etwas beschaulicher geht es bei dem Eselsgespann zu, das mir gerade entgegen trottet. Allerdings vermitteln mir die traurigen Augen, dass ein Leben als Lastentier kein Zuckerschlecken ist.

Bis auf hundert Meter habe ich mich an Charmaine heran gekämpft, als sie am Beginn der Ortschaft nach links in Richtung Herberge abzweigt. Ich folge ebenfalls der etwas ansteigenden Straße, bleibe dann stehen und kehre um. Plötzlich habe ich das Bedürfnis, noch weiter zu wandern und warte auf Miguel, um ihn zu fragen, ob er sich mir anschließen will. Ich brauche den Franzosen gar nicht lange zu überreden, und der Weitermarsch in die nächste Ortschaft ist beschlossene Sache. Einen längst verdienten Cafébesuch lassen wir uns jedoch nicht entgehen. Ab Fuente de Cantos ziehen wir gemeinsam einige Kilometer auf einer flachen Schotterstraße entlang und sind gut eine Stunde später in Calzadilla de los Barros.

Eselsgespann

Aus unseren Reiseführern wissen wir, dass sich die örtliche Herberge rund zwei Kilometer außerhalb des Ortes an einer Freizeitanlage mit Grillplatz und See befindet. Im Rathaus des Dorfes besorgen wir uns den Schlüssel, den wir am nächsten Morgen wieder hinterlegen müssen. Zur Sicherheit werden von unseren Personalausweisen Kopien gemacht, denn für die Sauberkeit und Ordnung an diesem abgelegenen Platz werden wir zur Verantwortung gezogen. Gegen Zahlung von jeweils sechs Euro erhalten wir den Herbergsschlüssel. Da wir nicht planen, die zwei Kilometer abends ein weiteres Mal in den Ort zu gehen, versorgen wir uns in einem Laden mit ausreichend Verpflegung. Die zwei Kilometer, die es ständig leicht bergauf geht, kommen uns ziemlich lange vor. Einerseits weil wir wissen, den gleichen Weg morgen früh wieder retour gehen zu müssen, und andererseits weil die Sonne inzwischen wieder erbarmungslos vom Himmel scheint.

Erstaunt sind wir dann über diese eigenartige und weitläufige Anlage. Fernab der Zivilisation wurde hier ein unübersehbares Areal erschlossen, das unserer Meinung nach nur für besondere Anlässe genutzt wird. Dorffeste, Vereinsfeiern, Veranstaltungen für Jugendliche oder auch kirchliche Prozessionen können wir uns für diesen Ort vorstellen. Es gibt einen Kinderspielplatz, eine hübsche Kapelle, eine große Tanzfläche, zahlreiche steinerne Sitzgruppen, entsprechende Grillplätze, einen Ententeich und nicht zuletzt die Pilgerherberge, die eigentlich eine Jugendherberge ist. Auf jeden Fall ist es ein ruhiges, fast einsames Plätzchen, das ich mir mit meinem Kollegen teilen darf. Nach dem Duschen und dem Wäschewaschen überrascht mich Miguel, als er aus seinem Rollgefährt einen kleinen Gaskocher zieht und beginnt, heißes Wasser für Kaffee zu kochen. Auch Zuckerstückchen hat er für uns bereit. So sitzen wir eine Zeit lang vor unserem Haus und erzählen unsere Geschichten vom Leben im Allgemeinen und vom Camino im Besonderen. Da Miguel nur ganz bescheidene Englischkenntnisse besitzt, und ich kein Wort Französisch spreche, ist eine Mischung aus einfachem Spanisch und einem Allerweltsenglisch unsere Kommunikationsbasis. Manches muss wiederholt und mit anderen Worten neu ausgedrückt werden, bis es dem Gegenüber zumindest sinngemäß verständlich wird – doch das Wichtigste ist, dass die Chemie zwischen uns stimmt.

Am späten Nachmittag sind wir sicher, dass niemand mehr ankommen wird und wir die Herberge für uns alleine haben. Wir nehmen an, dass Charmaine, Raul und Honorio in Fuente de Cantos gestoppt haben und wir sie womöglich nicht mehr treffen würden. Für morgen haben wir uns 35 Kilometer als Wanderziel gesteckt, so dass die Drei uns kaum einholen können – vorausgesetzt wir haben mit unserer Vermutung über ihren Standort recht. Jedenfalls freue ich mich auf die längere Etappe, die bei Temperaturen von über 30 °C richtig „extremaduramäßig“ werden könnte.

Bei einem ausgedehnten Abendessen, so wie es sich für einen Franzosen gehört, sitzen wir lange und gemütlich zusammen unter dem stimmungsvollen Schein einer sich langsam senkenden Sonne.

Der erste Pilgermarathon

Calzadilla de los Barros – Villafranca de los Barros

Mein Handyalarm war auf 6 Uhr gestellt, doch bereits fünf Minuten vorher erwache ich aus einer geruhsamen Nacht. Für wenige Sekunden beobachte ich Miguel wie er gerade dabei ist, seine Sachen zu verpacken. Nach einem freundlichen „Buenos Días" werde ich gleich gefragt, ob ich Kaffee möchte. Mit breitem Lächeln im Gesicht bejahe ich. Ein wahrer Luxus hier in dieser Abgeschiedenheit, aber mit Miguels Campingkocher kein Problem. Als ich aus dem Waschraum zurückkomme, steht heißes Wasser bereit, daneben eine Packung Kaffeepulver und ein Minipäckchen mit zwei Süßstofftabletten. Ich fülle alles in meine leere Getränkeflasche, schüttle kurz durch, und fertig ist der Muntermacher. Kurz darauf treten wir gemeinsam unsere heutige Reise an. Den Weg ins Dorf, wo wir im Rathaus den Schlüssel der Herberge abgeben müssen, legen wir Seite an Seite und fast im Gleichschritt zurück. Bei nur ansatzweise erhelltem Sternenhimmel ziehen wir schweigend nebeneinander her – keiner möchte die morgendliche Stille stören.

Gegen sieben sind wir auf der Route. Wir wechseln nur wenige Worte, und während der nächsten Viertelstunde erwandere ich mir einen Vorsprung von knapp hundert Metern. Plötzlich ruft Miguel, ich bleibe stehen, drehe mich um, und sehe den Franzosen, wie er mit ausgebreiteten Armen an einer kleinen Gabelung steht, und sich nicht sicher ist, ob ich wirklich die richtige Abzweigung genommen habe. Ich winke ihm zu, dass er mir folgen soll, da ich mich auf dem rechten Weg weiß. Doch Miguel schüttelt nur den Kopf und verharrt an Ort und Stelle.

Die schmalen Feldwege, auf denen wir in leichtem Auf und Ab unterwegs sind, führen durch hochstehende Ährenfelder, die schon mal eine Markierung überwachsen können. Und an so einem Flecken befindet sich mein französischer Freund. Doch für einen Freund geht man schon mal ein paar Meter zurück, denke ich, und eine Minute später weise ich mit meinem Zeigefinger auf die fast verdeckte und nur schwer zu erkennende Markierung. Es war vorhin auch nur Zufall, dass sie mir ins Auge gesprungen ist. Sofort entschuldigt sich Miguel mehrmals für sein mangelndes Vertrauen, und mit einem Fingerzeig in die Richtung, aus der ich gerade gekommen bin, beende ich die Szene.

Gemeinsam marschieren wir weiter bis zu einer überfluteten Furt, die mit einigen größeren Steinen ausgelegt ist. Äußerst vorsichtig und mit etwas Glück überquere ich die schwierige Stelle. Jetzt bin ich gespannt, wie Miguel mit seinem kleinen Anhänger darüber kommt. Er schnallt sich sein Rollgefährt ab, hält es mit den Händen vor sich her und wagt sich auf die ersten Steine. Dann bleibt er auf halbem Wege auf einem größeren Exemplar stehen und überlegt, wie er unbeschadet übers Wasser gelangen könnte. Leider ist es mir nicht möglich ihm zu helfen, da die letzten Steine, die ich bei meiner Überquerung mit einem weiten Satz übersprungen habe, sehr schwer zugänglich sind. Da bräuchte ich schon zwei Meter lange Arme, um ihm das Wägelchen abzunehmen. Immer zittriger wird der Franzose auf seiner kleinen Insel, und schließlich wagt er den nächsten Schritt. Er kann von Glück reden, dass er kein Vollbad nehmen muss, denn auf dem vorletzten Stein rutscht er ab, und kann sich gerade noch ausbalancieren. Mit beiden Füßen landet er im Wasser, das ihm bis über die Socken reicht. Ich stehe neben ihm und beobachte ihn, wie er das Wasser aus seinen Schuhen schüttet und seine Socken auswringt. Dann signalisiert er mir, ruhig weiter zu gehen. Mehrmals zurückblickend ziehe ich langsamen Schrittes voraus. Erst als ich sehe, dass er seinen Anhänger wieder angeschnallt hat, werde ich flotter. Eine Viertelstunde später gelange ich zu einer ähnlichen Stelle, die ich problemlos überquere. Allerdings bin ich hier sicher, ihm bei dieser Überschreitung helfen zu können. Ich warte auf ihn, und als er mir seinen Lastenträger überreichen kann, ist er sichtlich froh. Durch Olivenplantagen und Weinfelder geht es bergauf und bergab. Meine Gedanken befinden sich während der nächsten Stunde im Niemandsland. Ich setze einen Schritt nach dem anderen und versuche, mich so kräftesparend wie möglich fortzubewegen. Es stehen ja noch dreißig Wanderkilometer an.

Gegen 10 Uhr vormittags erreichen wir schließlich die erste Ortschaft. Ein schneller Kaffee in einer Bar, die Füße kurz durchgelüftet, und schon geht es weiter. Die große Hitze, die wir für den Nachmittag erwarten, soll uns so wenig wie möglich erreichen. Nach einer halben Stunde leiten uns die gelben Pfeile etwas unübersichtlich zwischen ausrangierten Waggons und teils verfallenen Gebäuden entlang der stillgelegten Gleise des alten Bahnhofs von Zafra. Mit gut 15.000 Einwohnern ist es die größte Stadt auf dem heutigen Weg. Ein paar Fotos vom mittelalterlichen Stadtkern und dann nichts wie raus! Doch als wir in der Fußgängerzone an einem Laden für Nähbedarf vorbeikommen, muss ich unbedingt hinein. Vor zwei Tagen habe ich nämlich meine Nadel verloren, und dieses Utensil zum Aufstechen meiner neuen Blasen, die ich leider immer noch bekomme, ist unentbehrlich. Ich erkläre dem Besitzer, was ich brauche, doch die Nadeln gibt es nur im Zehnerpack. Ich gebe ihm nochmals zu verstehen, dass ich nur eine brauche, und deute ihm zusätzlich den Einsatzzweck dafür an. Schließlich zieht er eine passende, goldfarbene Nadel heraus und überreicht sie mir. Als ich nach dem Preis frage, schüttelt er bloß den Kopf und weist mich freundlich aus dem Laden. Ich bedanke mich und werde mich beim Öffnen meiner Blasen mit dieser edlen Nadel seiner erinnern.

Hundert Meter weiter begegnet Miguel und mir ein Pilgerpaar, das mit Hund unterwegs ist. Sie hinterlassen einen äußerst ungepflegten, ja geradezu heruntergekommenen Eindruck, einschließlich des kleinen Hundes, der von der jungen Frau auf dem Arm getragen wird. Sie berichten uns, bereits in Santiago gewesen zu sein und jetzt in den Süden Spaniens weiterziehen zu wollen. Fast unmöglich sei es für sie, in den Herbergen Unterkunft zu finden, denn Tiere seien da unerwünscht. Deshalb bleibt ihnen oft nur die Übernachtung im Freien. Zudem müssten sie ihren Vierbeiner über weite Strecken tragen, da er sich auf den knapp 2000 Kilometern, die sie bereits bewältigt hätten, einige Blasen gelaufen habe. So können wir ihnen nur „Buen Camino“ wünschen und dem Hund ein baldiges Ende seiner Reise.

Hinter Zafra müssen wir uns dann einen kleinen Pass hinauf kämpfen, wobei uns die Sonne ungebremst auf den Pelz scheint. Mittlerweile ist es richtig heiß geworden, und meine Fußsohlen, die schon längst begonnen haben, sich unangenehm aufzuheizen, spüre ich mit jedem einzelnen Auftritt mehr als deutlich. Der recht stramm nach oben führende Feldweg wird links und rechts flankiert von zahlreichen Villen, für die ein Swimmingpool offensichtlich zur Standardausstattung gehört, wie wir durch die Einfriedungen erkennen können. Doch dieser Luxus bleibt uns momentan verwehrt. Als wir dann hinter einem der Zäune von dem ohrenbetäubenden Lärm sechs riesiger Kläffer begrüßt werden, die uns allesamt ihr strahlendes Gebiss zur Schau stellen, hat sich der Wunsch, in einem der Pools zu planschen, recht schnell erübrigt.

Endlich auf der Anhöhe fällt unser Blick auf das rote Dächermeer der Ortschaft Los Santos de Maimona, von der uns noch ein gut zehnminütiger Abstieg trennt, bis wir uns zwischen den strahlend weißen Hausfassaden der Kleinstadt befinden. Jeden Meter Schatten suchend schlängeln wir uns durch die ausgestorben wirkenden Straßen. Ihre Bewohner haben sich schon längst hinter die kühlen Mauern ihrer Häuser verzogen. Wie wird es da bloß meinem Pilgerfreund Honorio ergehen, sinniere ich.

Am Ortsende ist es dann so weit, ich brauche dringend eine Pause. Ich bitte Miguel, kurz anzuhalten, denn die Temperatur in meinen Schuhen steht knapp vor dem Siedepunkt. Ich entledige mich meiner Schuhe und Socken und blicke hinab auf die weißen, von Schweiß völlig aufgeweichten Füße. An meinen Fußsohlen erkenne ich nur noch eine schwammige Masse. Da muss dringend frische Luft ran, um sie wieder zu trocknen. Das ist der Nachteil meiner wasserundurchlässigen Trekkingschuhe, für die Luftzirkulation ein Fremdwort ist. Nach kurzem Zögern sorgt Miguel ebenfalls für etwas Frische an seinen Füßen, doch beim Franzosen, der mit Turnschuhen unterwegs ist, ist die Situation bei weitem nicht so dramatisch. Eine gute Viertelstunde bleibe ich unter einem Mandelbaum sitzen und beobachte meine Füße, wie sie langsam wieder Farbe annehmen. Auch das zwischenzeitlich leichte Drängen von Miguel kann mich nicht aus der Ruhe bringen. Es stehen schließlich noch neun Wanderkilometer an, und die möchte ich nicht mit Wasserfüßen laufen.

Eine Wohltat – Frischluft an den Füßen

Als wir zum Weitermarsch aufbrechen, dauert es fast einen Kilometer, bis sich meine Füße wieder ans Laufen gewöhnt haben, nur langsam ebbt der anfängliche Schmerz ab. Die nächsten zwei Stunden geht es auf tiefroter Erde, die wegen der großen Hitze an vielen Stellen aufgesprungen ist, auf mehr oder weniger breiten Feldwegen abwechselnd durch Weinfelder sowie durch Oliven- und Mandelplantagen. Dabei gilt es, den gelb blühenden, hohen Ginsterbüschen, die stellenweise bis in die Wegmitte ragen, permanent auszuweichen. Landschaftlich ist es ein sehr hübscher, geradezu idyllischer Streckenabschnitt, doch in Anbetracht der bereits zurückgelegten Kilometer und der enormen Hitze, wirkt er auf uns eher mühevoll und kraftraubend. Uns in der Führung immer abwechselnd erschließen wir Kilometer für Kilometer. Von Weitem erblicke ich einen seltsamen Turm, auf dessen Spitze ein etwa drei Meter hoher, zylindrischer Behälter angebracht ist, den ich mir in meiner Fantasie als überdimensionalen Bierkrug vorstelle. Was würde ich jetzt für ein paar Schlucke dieser schäumenden Flüssigkeit geben. Als dann endlich ein erster Wegweiser auf die nahe Herberge verweist, warte ich auf meinen Pilgerkollegen, und gemeinsam erreichen wir unser geplantes Etappenziel, die Albergue La Almazara.

Mehrmals klopfen und klingeln wir an der Eingangstür des Gebäudes, das von außen wie eine Festung wirkt, doch niemand macht uns auf. Ich umrunde das orangefarbene, quadratische und inmitten einer Olivenplantage völlig freistehende Bauwerk, doch die aus einer alten Ölmühle umfunktionierte und jetzt als Herberge dienende Trutzburg, gibt mir keinen Blick ins Innere frei. Als ich von meiner Umrundung zurückkomme, spricht Miguel gerade mit einer Frau, die ihm inzwischen geöffnet hat. Zwölf Euro verlange sie für die Übernachtung, und zwei Frauen aus Madrid seien bisher die einzigen Pilger. Weder Einkaufsmöglichkeit noch Abendessen würde es hier geben, und das nächste Gasthaus sei zwei Kilometer entfernt. Irgendwie beschleicht uns das Gefühl, die wollen hier überhaupt keine Pilger. Ich beratschlage mich kurz mit Miguel, und wir entscheiden, trotz der bereits zurückgelegten 35 Kilometer in die sieben Kilometer entfernte Stadt Villafranca de los Barros weiterzugehen. Noch ein kräftiger Schluck Wasser und los geht's.

Bei unserer letzten Rast habe ich ganz beiläufig zu Miguel gesagt, wie blöd es von mir sei, schon seit zwei Tagen eine nicht geöffnete, eineinhalb Liter Flasche Wasser mitzuschleppen. Nun weiß ich wofür! Während der nächsten sieben Kilometer werden wir bestimmt den Großteil davon leeren, denn auch Miguels Vorräte sind so gut wie aufgebraucht.

Unter meiner großen Zehe am linken Fuß spüre ich schon seit Stunden, wie sich eine neue, wahrscheinlich riesige Blase bildet. Kein Wunder, denn meine Fußsohlen fühlen sich an, als ob sie über glühende Kohlen laufen würden. Jeder Schritt wird zur Qual, und doch muss man ihn setzen, um dieses kleine Stück vorwärts zu kommen. Ansonsten geht es mir körperlich erstaunlich gut. In belanglosen Gesprächen versuchen wir Ablenkung zu finden. Auch Selbstgespräche dienen zur Ermutigung. Fast regelmäßig folgt ein Schluck aus der Plastikflasche, die ich erst gar nicht mehr aus der Hand nehme. Ein sorgenvoller Blick zu Miguel, eine kurze Frage, ob noch alles in Ordnung ist, doch der 68-jährige Franzose scheint durchzuhalten.

Dazu braucht es nicht viel Fantasie

Dann kommt uns auf der staubtrockenen Piste ein Fahrzeug entgegen und überraschenderweise stoppt es genau vor unseren Füßen. Vom Fahrer wird uns ein Stadtplan von Villafranca überreicht, dazu ein kleiner Zettel mit sechs Adressen von privaten Übernachtungsmöglichkeiten. Empfohlen wird uns eine für 14 Euro. Schließlich passieren wir ein Schild, auf dem die Entfernung bis zu unserem Ziel angegeben ist – 3,6 Kilometer.

Am liebsten würde ich mich auf den Boden legen und einfach nur schlafen. Jedoch stünde kein einziger Baum als Schattenspender zur Verfügung. Und ich frage mich, was mir die Vía vermitteln will. Durchhalten und kämpfen, das ist es, was mir anscheinend vor Augen geführt wird. Für ein angestrebtes Ziel zu kämpfen und den inneren Schweinehund zu überwinden. Etwas Besseres fällt mir im Moment nicht ein, und vielleicht ist es genau das, um was es gerade geht. Um nicht mehr und auch nicht um weniger, zumindest für den Moment.

Als sich dann der erste Blick auf die Stadt bietet, bleibe ich stehen und warte auf Miguel, der sich zirka dreißig Meter hinter mir herschleppt. Obwohl wir das nahe Ziel vor Augen haben, fallen die letzten Schritte dennoch recht schwer, ehe uns die Provinzstadt aufsaugt. Gleich die nächstbeste Bar steuern wir an. Den Rucksack abgeschnallt, mich an einen Barhocker klammernd, bestelle ich zwei Bier. Ein wohlbekanntes, klangvolles Anstoßgeräusch, und der längst ersehnte, kühlende Schluck rinnt uns die Kehle hinunter. Vom Barbesitzer bekommen wir ein Schälchen mit gemischtem Salat gereicht, und die stark mit Essig versetzte Pflanzenkost lässt wahre Gaumenfreuden aufkommen. Die Reste einer Schale mit Chips sowie ein Schüsselchen mit gesalzenen Erdnüssen werden ebenfalls in Beschlag genommen. Für gut eine Viertelstunde genießen wir die Kühle des Raums, bevor wir uns mit dem Stadtplan zur erwählten Privatunterkunft aufmachen.

Seite an Seite ziehen wir durch etliche Straßenzüge der aufgeheizten Kleinstadt unserem heutigen Domizil entgegen. Doch bald schon müssen wir feststellen, dass uns niemand öffnet. Diese Tür bleibt uns verschlossen, auch ein mehrmaliges und langanhaltendes Klingeln sowie heftiges Klopfen kann daran nichts ändern. Uns bleibt nichts anderes übrig, als es mit einer anderen Adresse zu versuchen. Quer durch die halbe Stadt trotte ich jetzt hinter Miguel her, während es in meinen Schuhen brodelt. Als wir den im Stadtplan eingezeichneten Fluss überqueren, fällt unser Blick auf eine fünfzehn Meter breite, rot angestrichene und völlig ausgetrocknete Betonrinne, ohne einen Tropfen Wasser – und das im Mai. Mehrmals fragen wir Passanten nach der anvisierten Straße, um ja sicher zu gehen, keinen unnötigen Umweg zu machen. Zehn Minuten später klopfen wir endlich an der zweiten Unterkunft. Genau wie zuvor werden wir immer lauter, doch kein Erbarmen mit zwei ausgezerrten Pilgern.

So entscheiden wir, ins Zentrum zu gehen, die Polizeistation aufzusuchen und uns dort helfen zu lassen. Von einem freundlichen Beamten, den wir über unsere Situation aufklären, erhalten wir auch sofort Unterstützung. Da er die Besitzerin der Privatunterkunft, bei der wir zuletzt Einlass suchten, gut kennt, versucht er sie telefonisch zu erreichen, was ihm bei seinem zweiten Versuch tatsächlich gelingt. Daraufhin teilt er uns mit, dass wir nun erwartet werden. Wir bekommen noch einen Stempel in unseren Pilgerausweis und mit der Gewissheit, endlich Unterkunft zu erhalten, spazieren wir den bekannten Weg zurück.

Als uns die etwa 80-jährige Besitzerin öffnet, möchte ich keinen einzigen Schritt mehr weiter gehen, und einige Augenblicke später falle ich quasi in mein Bett. Der erste Wandermarathon meines Lebens ist geschafft. Und gleich drei neue Blasen habe ich mir gelaufen. Es folgen fünfzehn Minuten auf der Matratze, wobei meine Fußsohlen erneut die Gelegenheit zum Aushärten finden. Nach einem belebenden Duschbad geht's ans Blasenstechen mit der neuen, goldenen Nadel. Dann freue ich mich nur noch auf ein wohlverdientes Pilgeressen mit Miguel.

In gemütlichen Badelatschen schlendern wir zurück ins Stadtzentrum, wo ich freudig überrascht bin, die sympathischen Freisinger zu treffen. Zusammen mit Sabine und Sven wird es ein sehr unterhaltsamer Abend, an dem es viel zu erzählen gibt. Und in meinem französischen Bett schlafe ich wie ein König.

Ein bisschen Kühle, ein bisschen…

Villafranca de los Barros – Torremegía

Gespannt bin ich, in wie weit meine Fußsohlen den gestrigen Wandermarathon verkraftet haben, als ich gegen 6.30 Uhr gemeinsam mit Miguel die Privatunterkunft verlasse. Bereits nach wenigen Metern kommen wir an einer geöffneten Bar vorbei, wo wir unseren *café con leche* schlürfen können.

Im Halbdunkeln ziehen wir bald darauf aus der noch schlummernden Stadt. Die ersten paar hundert Meter, die ich gewöhnlich zum Einlaufen brauche, gehen etwas steif und aufgrund meiner vielen Blasen auch nicht schmerzfrei von statten. Dann wird es allmählich besser. Die Konversation mit Miguel gestaltet sich im Vergleich zu gestern sehr viel abwechslungsreicher, denn als wir beim Thema Fußball landen – am Abend steht das Champions-League-Finale Barcelona gegen Manchester auf dem Programm – sind die Verständigungsprobleme wie weggeblasen. Bis zurück in die 70-iger Jahre erinnern wir uns gegenseitig an die französischen und deutschen Helden mit dem runden Ball. Wir schwelgen geradezu in Zeiten, da diese Spieler noch mit Leidenschaft ihre Sportart ausgeübt haben und nicht, wie heutzutage, des vielen Geldes wegen. Und auf die temperamentvollen Spanier während des heutigen Finales sind wir sehr gespannt. Auf jeden Fall wollen wir uns das Match in einer der Bars am Abend anschauen.

Als dann meine Fußsohlen schon ungewöhnlich früh beginnen, sich erneut aufzuheizen, entsteht erstmals ein größerer Abstand zu dem Franzosen. Auf diesen staubtrockenen Wegen ist er mit seinen Turnschuhen eindeutig im Vorteil. Bei meinen Trekkingstiefeln ist an Luftzirkulation gar nicht zu denken, und mein Fußschweiß hat nicht die geringste Chance zur Verflüchtigung. Aber Miguel wäre kein treuer Weggefährte, würde er nicht immer wieder auf mich warten. Ist schon unglaublich – konditionell und mit der Muskulatur habe ich keinerlei Schwierigkeiten – doch dieses ständige Feuer unter den Fußsohlen kann einen verrückt machen. Als mir Miguel mitteilt, dass er zu Zeiten, da ich noch ein Heranwachsender war – richtig bildhaft wird er in seinen Schilderungen – Radrennen gefahren und Halbmarathons gelaufen ist, wundert mich nichts mehr bezüglich seiner Fitness. Auch habe er bei den Alten Herren bis ins hohe Alter im Fußball mitgespielt.

Mein ständiger Begleiter

Nach etwa der Hälfte der heutigen 25 Kilometer-Etappe haben wir ganz in der Ferne den ersten Blick auf Torremegía, das sich an eine Bergkette schmiegt. Und eines weiß ich ganz genau: das wird sich noch unheimlich lange ziehen, bis wir dort ankommen. Mir ist es viel lieber, man sieht den Zielort erst kurz bevor man ihn erreicht, doch dieser Wunschtraum wird mir gerade geraubt. Ein schier endlos erscheinendes und fast kerzengerades Band führt mich ins Unendliche. Es ist, als ob man auf der Stelle treten würde. Dazu diese erbarmungslos scheinenden, die Landschaft austrocknenden Sonnenstrahlen, die wie Feuersäulen von hinten auf uns herab zielen. Und wieder entsteht ein Abstand zwischen mir und meinem Pilgerfreund. Einige Minuten trotte ich blindlings vor mich hin.

Dann setzen sich meine brennenden Sohlen endgültig in meinen Gehirnwindungen fest. Wie schon gestern mehrfach im Geiste ersehnt, würde ich mich am liebsten auf den Boden legen oder noch besser auf einen fliegenden Teppich, der mich bei einem kühlenden Luftzug direkt an den Zielort bringt. Ein alternatives Wunschbild, mit dem es sich auch ganz gut leben ließe, wäre, von vier kräftigen Spaniern mit einer Sänfte durch die Gegend getragen zu werden. Selbstverständlich müsste es sich dabei um eine geschlossene und vollklimatisierte Variante dieses mittelalterlichen Beförderungsmittels handeln, in dem ein vollgefüllter Kühlschrank Standard wäre.

Ja, die Fantasie kann einem manchen Streich spielen und dabei auch nützlich sein, denn bei der Monotonie des Weges und der unsäglichen Hitze ist sie ein nicht zu unterschätzendes Ablenkungsinstrument.

„Ein bisschen Kühle, ein bisschen Schatten,
um auf der Piste nicht zu ermatten.
ein bisschen Ruhe, und kühle Schuhe,
ein bisschen träumen, das wünsch ich mir.“

Und diesen kleinen Feuerteufel in meinen Schuhen werde ich heute Abend zur Strafe in ein Eisfach legen, um ihn dann tiefgefroren in einem Eiscrasher zu zerstückeln.

Wieder einmal wartet Miguel. Noch geht es an einem Knoblauchfeld vorbei, das gerade abgeerntet wird, was mir mit meinem nicht allzu gut ausgestatteten Riechorgan nicht besonders viel ausmacht, und dann kommt es näher, das Dorf. Zumindest glaubt man jetzt, dass man es irgendwann erreichen könnte. Und schließlich ist man tatsächlich angekommen, man erreicht die Herberge und liegt flach auf dem Bett.

Nach einem erfrischenden Duschbad, dem fast obligatorischen Wäschewaschen und einem kleinem Einkauf steht für mich ein nachmittäglicher Barbesuch auf dem Programm. Um meine eingetrockneten Gehirnzellen wieder auf Vordermann zu bringen, vertreibe ich mir die Zeit mit ein paar Tagebuchnachträgen, ehe alles auf den für heute erwarteten Höhepunkt, das Champions-League-Finale, hinausläuft. Die brillanten Ballkünstler des spanischen Meisters, das frühe 1:0 und die weiter anhaltende drückende Überlegenheit lassen keinen Zweifel aufkommen, wer in diesem Duell den Platz als Sieger verlassen wird. So treten wir in der Halbzeitpause den Rückzug in die Herberge an, um alles für die Nachtruhe vorzubereiten. Das Einschlafen gelingt heute erstaunlich schnell. Sogar der nach dem Finalsieg veranstaltete halbherzige Versuch eines Autokorsos in dem nur 2000 Einwohner zählenden Dorf stört mich dabei kaum.

Einmal Torero, immer Torero

Torremegía – Casar de Cáceres

Da wir gestern zur Übernachtung auch ein Frühstück gebucht haben, geht es heute Morgen gleich in die vertraute Bar, wo es uns serviert werden soll. Eine ganze Weile sitzen wir zu viert an einem Tisch und werden langsam ungeduldig, denn der Bedienung fehlt offenbar noch der nötige Arbeitseifer. Auch Sabine und Sven haben in Torremegía Station gemacht, und das hilfsbereite Paar stellte mir freundlicherweise ihre Tube Hirschtalg zur Verfügung, womit ich mir die Fußsohlen einrieb, bevor ich meine Schuhe schnürte. Die beiden Freisinger schwören auf diesen Balsam, der vor allem bei Langstreckenläufern häufig zum Einsatz kommt. Wie sie mir berichten, fühlen sich ihre Füße unter Verwendung dieser Creme nach einem wochenlangen Marsch sogar sanfter an als üblich. Auch die Blasenbildung soll deutlich reduziert werden und die Geschmeidigkeit der Füße erhalten bleiben. Selbstverständlich ist mir Hirschtalg wohl bekannt, und ich weiß, dass viele Wanderer überzeugt sind von der Wirkungen dieser Salbe, und so will ich mich heute gerne selbst überraschen lassen. Vermutlich hätte ich mir auch Zahnpasta auf die Fußsohlen gerieben, wenn ich auf einen Pilger gestoßen wäre, der felsenfest von der positiven Wirkung dieser Substanz überzeugt gewesen wäre, denn so einen Sohlenbrand wie gestern, wünsche ich mir nie wieder.

Endlich wird das Frühstück aufgetragen. Zur Tasse Milchkaffee gibt es ein getoastetes, halbes Brötchen, auf dem nicht gerade liebevoll ein überdimensionaler Batzen Margarine gelandet ist, dazu ein viel zu kleines Schälchen Marmelade. Die Wartezeit auf so ein Frühstück hätte man sich sparen können. Im

Fernseher, der in einer typisch spanischen Bar nie fehlen darf, meistens sogar mehrfach vorhanden ist und selbstverständlich Tag und Nacht laufen muss, wird währenddessen die Wiederholung eines Stierkampfes von gestern gezeigt, bei dem ein sehr prominenter spanischer Torero von einem angriffslustigen Bullen regelrecht auf die Hörner genommen und – daran aufgespießt – mehrmals auf und ab geschleudert wurde, um schließlich regungslos auf dem Boden zu landen. Sofort eilten ihm seine Mitstreiter zu Hilfe und schleppten den blutenden und bewusstlosen Kollegen unter Ablenkung des erregten Stieres von der Kampffläche. Und irgendwie schmeckt meine rote Marmelade jetzt nicht mehr. Auch die Wiederholung des Champions-League-Finales mit dem grandiosen Sieg von Barcelona darf natürlich auf der Mattscheibe nicht fehlen. Dann mache ich mich mit Miguel auf den Weg, während Sabine und Sven noch etwas verweilen.

Es ist der letzte gemeinsame Wandertag mit dem Franzosen, denn im sechzehn Kilometer entfernten Mérida werde ich mich in den Zug setzen und zwei Tagesetappen alternativ zurücklegen. Aufgrund der knappen Zeit, die ich für die Vía de la Plata von Sevilla nach Santiago zur Verfügung habe – exakt 30 Wandertage – muss ich vier Tagesetappen mit öffentlichen Verkehrsmittel zurücklegen. Und die ersten zwei Tage, die ich in meinem Zeitplan aufholen will, sind die beiden Etappen hinter Mérida. Zum letzten Mal genieße ich die vertraute Anwesenheit meines treuen Weggefährten. Die Vía führt uns jetzt in einen von Landwirtschaft und Feldbau geprägten Teilabschnitt, mitten durch goldgelb leuchtende Getreidefelder, vorbei an riesigen Schafherden und für eine halbe Stunde leider auch auf den Seitenstreifen der Nationalstraße. Zwischen Miguel und mir braucht es nicht mehr viele Worte, und jeder versucht sich gedanklich schon auf die Zeit nach unserer Trennung einzustellen. Zwischendurch habe ich tatsächlich den Eindruck, als ob die viel gepriesene Wirkung des Hirschtalgs auch bei mir einen positiven Effekt hat. Jedenfalls fühlen sich meine Fußsohlen wesentlich geschmeidiger an, was mir zu vorsichtigem Optimismus Anlass gibt. Nach gut drei Stunden laufe ich ein letztes Mal neben Miguel, Seite an Seite überqueren wir die historische, römische Brücke über den Río Guadiana direkt vor Mérida. Dann folgt ein herzlicher Abschied, jeder wünscht dem anderen einen guten Weg, und ein neuer Abschnitt auf der Vía beginnt.

Der Acueducto de los Milagros in Mérida

Als erstes muss ich mir jetzt das Zugticket für die Fahrt in das siebzig Kilometer entfernte Cáceres besorgen, von wo aus ich am Nachmittag weitere elf Kilometer nach Casar de Cáceres laufen will. Frohgemut spaziere ich durch das historische Zentrum der Stadt Mérida, die mit ihren 50.000 Einwohnern zugleich die Hauptstadt der autonomen Region Extremadura darstellt. Die unter Kaiser Augustus als Kolonie für die Veteranen der V. und X. Legionen gegründete Garnisonsstadt war bis zum Untergang des Römischen Reiches über Jahrhunderte das wichtigste militärische und kulturelle Zentrum Spaniens. Als eines der bedeutendsten Zeugnisse der damaligen Baukunst zählt der *Acueducto de los Milagros* am Ortsausgang von Mérida. Nachdem ich das Zugticket in Händen habe, verbleiben mir noch zwei Stunden zur Besichtigung der Stadt. Und da mich das berühmte Aquädukt am meisten interessiert, mache ich mich sogleich auf den Weg dorthin. Das schätzungsweise zwanzig Meter hohe, sich über ein breites, grünes Tal erstreckende Werk ist aus drei übereinander gesetzten Bogenreihen aufgebaut, bei deren Bau verschiedene Materialien zum Einsatz kamen. Durch die gezielte Verwendung von Ziegeln, kleinen Quadersteinen und auch von Naturfelsen wird der beeindruckenden Konstruktion ein ganz besonderer Farbeffekt verliehen. Nicht nur menschliche Begeisterung wird diesem Monument römischer Vergangenheit zuteil, auch die Tierwelt schätzt die prächtige Baukunst in ganz besonderer Weise. Beinahe auf allen oberen Bögen haben Störche ihre mächtigen Nester auf exponierten Plätzen errichtet. Auf einer Steinbank gleich neben einem der Bögen lasse ich mich nieder und genehmige mir eine Brotzeit. Die restliche Zeit bis zur Abfahrt des Zuges verbringe ich gemütlich schlendernd durch die lebhaften Straßen und gönne mir zwischendurch ein kleines Bier.

Die anschließende einstündige Zugfahrt nach Cáceres, während der ich unablässig auf die ausgedörrte Landschaft blicke, geht viel zu schnell vorüber, und viel zu schnell werde ich wieder von der Hitze erschlagen. Es folgt ein halbstündiger Marsch vom Bahnhof ins Zentrum der etwa 80.000 Einwohner zählenden Stadt. Dabei komme ich an einem Kreisverkehr vorbei, an dem an einer Säule mit großen Leuchtziffern die aktuelle Temperatur angezeigt wird. 36 °C – nicht schlecht, denke ich, bei der Hitze auch noch mit Gepäck unterwegs zu sein.

Als ich schließlich ins malerische Zentrum der Provinzhauptstadt gelange, das zum Weltkulturerbe der UNESCO gehört, tauche ich in eine Museumsstadt ein, in der kein einziger Neubau das historische Bild stört. Durch das an der Plaza Mayor gelegene Haupttor, den sogenannten Sternenbogen, komme ich auf Straßen und Plätze, die Geschichte lebendig werden lassen. Die aus dem Silber und Gold der Neuen Welt erbaute Altstadt versetzt mich in ein Spanien des 17. Jahrhunderts. Ihre zahlreichen Renaissancepaläste, die Kirchen und die vielen Festungshäuser sind umgeben von der mächtigen, maurischen Stadtmauer, die mit ihren zwölf Türmen und fünf Toren die verschachtelte Altstadt umringt. Man kann schon mal die Orientierung verlieren in diesem Labyrinth monumentaler Bauwerke, und ich habe einige Mühe, vom Festungshügel aus wieder auf einen

Wegweiser der Vía zu treffen. Bestimmt eine Viertelstunde vergeht, bis ich endlich eine vertraute Markierung zu Gesicht bekomme.

Die historische Altstadt von Cáceres

Vorbei an der Stierkampfarena gelange ich schließlich an den Stadtrand von Cáceres. Kurz darauf verliere ich zum zweiten Mal die gelben Pfeile aus dem Blickfeld. Anfänglich mache ich mir keine großen Gedanken und bin noch zuversichtlich, die richtige Straße entlang zu ziehen, zumindest müsste die eingeschlagene Richtung passen. Doch als ich in einem Vorortviertel lande, einem nur spärlich bewohnten, erst halbfertigen Neubaugebiet, und ich den letzten Pfeil vor zirka einer halben Stunde zu Gesicht bekommen habe, bin ich mir vollkommen sicher, falsch zu sein. Trotz der extremen Hitze, der fortgeschrittenen Tageszeit und der noch vor mir liegenden zehn Wanderkilometer versuche ich ruhig zu bleiben. Obwohl ich mir in dieser Geistersiedlung ziemlich verloren vorkomme, setze ich den Weg fort, denn ich habe absolut keine Lust, nochmals umzukehren. Irgendwie vertraue ich auf eine Lösung, wenngleich es fast aussichtslos erscheint. Im Zickzackkurs bewege ich mich durch die scheinbar menschenleere Gegend und gelange in der Folge an eine Straße, an der zumindest hin und wieder ein Auto vorbeikommt. Mir bleibt in dieser Situation keine andere Wahl, ich muss ein Fahrzeug anhalten, um mich beim Fahrer nach meinem Weg zu erkundigen, denn langsam stehen mir nicht allein wegen der Hitze die Schweißperlen auf der Stirn. Als sich mir nach wenigen Minuten ein älteres Mobil nähert, zögere ich keine Sekunde und halte meinen Arm mit dem Daumen nach oben. Und tatsächlich – es hält direkt vor meinen Füßen. Ein junger Spanier mit langen, schwarzen Haaren, die zu einem Zopf zusammengebundenen sind, grüßt freundlich aus dem Wagen. Ich frage ihn, ob er mir weiterhelfen könne, da ich das Gefühl habe, nicht mehr entlang der Vía de la Plata zu laufen, sondern bestimmt fern ab davon. Sofort bestätigt er meine Vermutung, und in endlosen Ausführungen versucht er, mir den Weg zu erklären. Das einzige, was ich so richtig verstehe, ist, dass auch er seine Fahrt in diese Richtung fortsetzen wird. So werde ich etwas direkter und frage ihn kurzerhand, ob ich die paar hundert Meter bis zur nächsten Kreuzung mitfahren kann. Ohne zu zögern öffnet er die Beifahrertür, ich nehme meinen Rucksack ab und setze mich neben den hilfsbereiten Spanier. Als wir an der Kreuzung ankommen, deutet er gerade aus und erklärt mir, dass sich dort seine Wohnung befinde. Allerdings biegt er im selben Moment nach links ab, um mich näher an meinen Weg zu bringen. Die ganze Strecke kommt mir irgendwie bekannt vor, denn vor gut einer halben Stunde bin ich da gelaufen. Als er dann in die Straße Richtung Casar de Cáceres einbiegt, in Richtung meines heutigen Zieles, deute ich ihm an, dass er für mich schon mehr als genug getan habe und mich ruhig absetzen könne. Daraufhin fragt er mich, ob ich wirklich schon aussteigen wolle und bietet mir gleichzeitig an, mich noch ein Stück mitzunehmen, da es für ihn gerade keine Umkehrmöglichkeit auf der Straße gebe. In Anbetracht der brütenden Hitze und der fortgeschrittenen Tageszeit kann ich diese Lösung ganz gut mit meinem Gewissen vereinbaren. Da er auch während der nächsten drei Kilometer keine geeignete Wendegelegenheit findet, muss ich mich wohl oder übel noch etwas chauffieren lassen. Vier Kilometer vor dem Tagesziel ist es dann soweit, „endlich“ hält der der junge Spanier an und lässt mich aussteigen. Mit einem Handschlag und besten Wünschen für ihn nehme ich meinen Rucksack aus dem Auto und winke ihm dankend nach.

Um von der Landstraße auf den originalen Feldweg der Vía zu gelangen, muss ich zuerst über einen hohen Zaun klettern und daraufhin eine steile Böschung hinabsteigen. Kurz danach unterquert mein Weg eine weitere Straße, in deren Schatten ich auf zwei völlig verschwitzte Pilger treffe, die die Strecke selbstverständlich zu Fuß bewältigt haben. Ich spreche die Frau an, die auf mich den weitaus fitteren Eindruck macht als ihr zwanzig Meter entfernt auf dem Boden liegender Pilgerkamerad, der überdies mit einer nicht zu übersehenden Kugel oberhalb der Gürtellinie ausgestattet ist. Sie ist Italienerin, genauso wie ihr von der Hitze geplagter Wanderkollege. Zwischen fünfzig und sechzig Jahre schätze ich das Alter der beiden. Wie mir die schlanke und recht gesprächige Pilgerin erzählt, haben sich die zwei unterwegs getroffen und wandern seitdem gemeinsam. Da sie noch etwas im Schatten ausruhen wollen und wir uns in der Herberge ohnehin begegnen würden, ziehe ich mit besten Wünschen voraus.

Im Zielort steuere ich zuerst die Bar an, die sich gleich gegenüber der Herberge befindet. Im Fernseher läuft gerade zum wahrscheinlich tausendsten Mal die Wiederholung des gestrigen, tragischen Stierkampfes, weshalb ich die Bedienung frage, ob sie denn wisse, ob der Torero den Stierangriff überlebt hat. Sie antwortet mir, dass er für einige Tage im Krankenhaus bleiben müsse und bestimmt überleben werde. Spätestens in acht Wochen stünde er wieder in der Arena, denn nach der unausgesprochenen Regel „einmal Torero, immer Torero“ habe er bereits in einem Interview seine Rückkehr angekündigt.

Als ich wenig später die Herberge betrete, steht plötzlich eine „Fee“ vor mir. Ich glaube, inzwischen an Halluzinationen zu leiden, denn die Frau erinnert mich schlagartig an Gina Lollobrigida, welche die gute Fee bei Pinocchio spielte. Mit riesigen Augen, mit ihrem langen, zu einem Zopf zusammengebundenen, grau melierten Haaren, versetzt sie mich sogleich in die Fantasiewelt um die Abenteuer der Holzmarionette, die von der

Fee zum Leben erweckt wurde. Nach meinem letztjährigen Zusammentreffen mit Pumuckl auf dem Camino francés, steht doch nicht eine Fortsetzung ins Haus? Aber zum Glück steht die aus München stammende Jutta etwas fester auf dem Boden der Tatsachen als ich, allerdings ein kurzes Schmunzeln kann ich ihr schon entlocken, als ich ihr meinen Vergleich kundgebe.

Die heutige Herberge teilen wir uns zu fünft. Die zwei Italiener Irene und Carlo, deren Bekanntschaft ich bereits vor gut einer Stunde machen durfte und drei Deutsche. Der aus Hamburg stammende und bald 60-jährige Detlef komplettiert unser Deutschlandtrio. Der hünenhafte, mit schulterlangen Haaren versehene und sich recht lässig gebende Landsmann will nach der Vía zumindest für ein Jahr in der Nähe von Sevilla sesshaft werden. Dort möchte er seinen runden Geburtstag feiern und, was ihm besonders wichtig ist, auch seine Modelleisenbahn aufbauen. Seine Eigentumswohnung in Hamburg werde er in der Zwischenzeit an einen Bekannten vermieten. In Sevilla plane er, sich selbständig zu machen, eine entsprechende Geschäftsidee, über die er allerdings noch nicht sprechen wolle, habe er bereits.

Zum Abendessen besorge ich mir aus dem Supermarkt zwei Dosen Pulpo, denn von dem achtarmigen Tintenfisch kann ich hier in Spanien einfach nicht genug bekommen. Von Jutta erhalte ich zum Nachtisch eine Handvoll knackiger, roter Kirschen und als i-Tüpfelchen singt uns Carlo vor dem Zubettgehen einen klangvollen, italienischen „Gute-Nacht-Song“ – den entsprechenden Resonanzkasten hat er ja.

Milchkaffee und Babyfläschen

Casar de Cáceres – Albergue Alcántara

Fast schon zur Gepflogenheit ist es geworden, sich vor dem ersten Morgengrauen aus der Waagerechten zu erheben, was etwa 6 Uhr früh bedeutet. Dies ist speziell dann kein Problem, wenn man genau weiß, dass die örtliche Bar eine halbe Stunde später geöffnet hat und der ersehnte, morgendliche Milchkaffee quasi bereit steht. Um ganz sicher zu gehen, frage ich bei einem älteren Dorfbewohner, der auf einer Bank vor der Herberge Platz gefunden hat und sich gerade die erste Zigarette anzündet, nochmals nach. Er deutet in Richtung der Calle Larga, also entlang der langen Straße, was ich besonders angenehm finde, da hier auch die Streckenführung der Vía verläuft. Kurz vor dem Ortsausgang soll sie sein, die offene Bar, an der ich seltsamer Weise nicht vorbei komme – und so geht's ohne Frühstück auf den Weg.

Entschädigt für den entgangenen Kaffegenuss werde ich von einem wunderschönen Sonnenaufgang, der die gesamte östliche Hemisphäre als orangefarbene Kulisse erstrahlen lässt. Hinter einem Weidezaun, an dem ich gerade vorbei ziehe, fällt mein Blick auf eine Kuh, die mit ihren Hörnern den flimmernden Feuerball aufzuspießen scheint.

Nach einem leichten Anstieg öffnet sich mir ein weiter Blick in die wilde Landschaft. Ein breiter Feldweg schlängelt sich geraume Zeit zwischen den von Natursteinmauern eingefassten Kuhweiden, wobei die Route über viele Kilometer entlang der originalen Calzada romana verläuft. Die vielen Weidetiere, die Kühe, Schafe und Ziegen, an denen ich vorbeikomme, können einem richtig leidtun, denn mit dem braunen, ausgedörrten und kurzgefressenen Gras erscheint es mir schier unmöglich, die Mägen zu füllen. Doch zumindest tun sie so, als ob sie davon noch etwas abknabbern könnten. Enthaltsamkeit, Genügsamkeit und der Überlebenskampf, das ist unwiderruflich verbunden mit der Extremadura, dieser großen, im Südwesten gelegenen und unverkennbar von der Hitze geprägten Landschaft Spaniens.

Inmitten der Extremadura

Während ich mich von einem Granitboller zum nächsten vorarbeite und einmal mehr das Alleinsein inmitten der ursprünglichen und friedvollen Natur erfahre – und mir dabei bewusst mache, welch' Privileg ich momentan genieße, durch diese einzigartige Landschaft zu pilgern – entwickelt sich in meiner Gedankenwelt ein Vergleich, den ich eine ganze Weile nicht mehr loswerde. Ich bin gerade dabei, so einen Pilgertag mit dem menschlichen Leben zu vergleichen, für mich eine Art „Brainstorming" zum Zeitvertreib.

In meinen persönlichen Gedankenkompositionen kollationiere ich den morgendlichen Milchkaffee des Pilgers mit dem heiß begehrten Fläschchen eines Säuglings. Bekommt so ein kleiner Erdenbewohner sein kostbares Getränk zu spät oder gar nicht, so schreit er so lange, bis er es schließlich doch erhält. Daraufhin wird er ruhig und zufrieden. Bekommt ein Pilger keinen Milchkaffee, weil die Bars noch geschlossen sind, oder keine vor Ort ist, brüllt er zwar nicht los wie ein Säugling, aber ein bisschen brummig ist er doch. Die motorische Entwicklung eines Kleinkindes während der ersten Monate und Jahre verläuft gleichsam holprig wie die ersten morgendlichen Schritte eines Fernwanderers. Dann wächst das Kind zu einem Jugendlichen heran, wird dabei immer kräftiger und gefestigter, und so ähnlich gewinnt der Fußpilger seine gewohnte Sicherheit auf dem Weg, er fühlt sich noch frisch und hat genügend Reserven. Nach der Schule und der Ausbildung heißt es dann, im Beruf seinen Mann oder seine Frau zu stehen, es gilt, in der Arbeitswelt über viele Jahre durchzuhalten, um zusätzliche Reserven für die Zeit nach der Beschäftigung zu schaffen. Im übertragenen Sinne trifft dies auch auf den Pilger während einer langen Etappe zu. Solange er genügend Kraft hat, gilt es unter anderem „Kilometer zu machen“, um das gesteckte Ziel rechtzeitig zu erreichen. Gleichzeitig gilt es, sich dabei nicht zu verausgaben, um am Tagesende noch Freude zu haben am geselligen Teil mit den Kameraden. Vergleichbar erhofft ein Rentner, noch über viele Jahre einen verdienten und gesunden Lebensabend genießen zu können. Schließlich kehrt Ruhe ein, beide sind am Ziel angekommen und versinken in eine andere Welt, der eine unter die Bettdecke, der andere unter die Erde. So wie ein einzelner Pilgertag nur ein Teil eines langen Weges ist, genauso ist das menschliche Leben nur ein winziger Ausschnitt aus der Ewigkeit.

Solche oder ähnliche Gedanken geistern einem schon mal durch den Kopf, wenn man über zwanzig Kilometer keiner Menschenseele begegnet. Dann begegnet man sich eben selbst. Erst als mir die Landschaft den Blick auf den Embalse de Alcántara, einem der größten Stauseen Europas freigibt, werde ich herausgerissen aus meinen, nennen wir es mal, pseudophilosophischen Betrachtungen.

In einem großen Sammelbecken laufen der Río Almonte und der Río Tajo in den aufgestauten See. Das größte Wasserreservoir der Extremadura befindet sich direkt vor meinen Augen und bettet sich idyllisch ein in die umliegenden Hügel. Nach so viel ausgedörrter Landschaft ein wahrlich erfrischender Anblick. Doch mein Tagesziel ist noch nicht erreicht. Die gelben Pfeile leiten mich auf steinigen Pfaden herab von dem sanften und welligen Landstrich bis nahe an den Rand des Sees, von wo aus ich etliche Kilometer mit dem Seitenstreifen der Nationalstraße vorlieb nehmen muss. Vor allem den Motorradfahrern bietet diese Strecke offensichtlich eine willkommene Gelegenheit, mal so richtig aufzudrehen. Schätzungsweise mit bis zu 200 km/h schießen die PS-lastigen Rennmaschinen höllisch dicht an mir vorbei. Und auch von den Lastwagen geht erhebliche Gefahr aus. In den weitkurvigen Straßen werden sie vom Wind, der den ganzen Tag schon lebhaft über die Extremadura weht und sich über dem See richtig aufbläht, teils ordentlich ins Wanken gebracht. Als ich über die zwei hohen Brücken marschiere, unter denen die beiden Flüsse dem See zuströmen, ist mein Lauf vergleichbar mit dem Gang nach dem Genuss von zwei Litern Rotwein, so heftig werde ich vom Wind hin und her geschleudert.

Kurz vor 13 Uhr bin ich der erste Pilger an der Herberge, was bisher noch nie der Fall war. Leider finde ich den etwas futuristisch anmutenden Plattenbau verschlossen vor. An der Eingangstüre entdecke ich einen angehefteten, handgeschriebenen Zettel mit der Information, dass bald geöffnet wird. So lasse ich mich im Schatten nieder und vertreibe mir die Zeit mit dem Auslüften meiner Wanderschuhe. Der Duft, der mir dabei entgegen strömt, wird durch die Umgebungsluft hoffentlich bald verflüchtigt sein, denke ich, doch mein besonderes Interesse gilt meinen Fußsohlen, die die heutige Etappe ausgesprochen heil überstanden haben. Mit Irene habe ich nämlich am Morgen einen weiteren Salbenspender gefunden, in diesem Fall war es Vaseline, womit ich mir meine Füße vor dem Start eingerieben habe. Und offenbar hilft es. Fast bin ich geneigt, eine weitere Etappe dran zu hängen. Doch just in dem Moment sehe ich den jungen Hospitaliero an der Herberge vorfahren. Zusammen mit seiner Freundin war er noch schnell beim Einkaufen, und als sie beginnen, die vielen Getränke und Köstlichkeiten an meiner Nase vorbei in die Herberge zu schleppen, bin ich sicher, doch lieber hier zu bleiben.

Überrascht bin ich dann über die großzügige Ausstattung dieser Pilgerunterkunft, die neben einem geräumigen Aufenthaltsraum, dessen riesige Fenster einen wunderschönen Blick auf den tiefer liegenden See freigeben, auch über eine kleine Küche verfügt, die vom Hospitaliero mit betrieben wird. Ergänzt wird die Einrichtung durch eine Theke, eine Mikrowelle, einen Kühlschrank für die Allgemeinheit, einen kostenlosen Waschservice, den ich selbstverständlich ausgiebig nutze, und nicht zuletzt durch vier große Schlafräume – kurz gesagt, eine Art All-Inklusiv für Pilger.

Nach dem Genuss eines kühlen Biers beziehe ich eines der Sechsbettzimmer und bin gespannt, wer als nächstes in der Herberge eintrudeln wird. Es sind Jutta und Irene, die beiden Frauen, die zusammen geraume Zeit vor Detlef und Carlo ankommen. Vor allem der schwergewichtigere Italiener lässt sehr lange auf sich warten. Völlig durchnässt, als wäre er direkt dem See entstiegen, erreicht er sein angestrebtes Etappenziel. Zusammen verbringen wir einen geselligen und lustigen Nachmittag und lassen uns dabei von dem gastfreundlichen Herbergsbetreiber mit Speis und Trank verwöhnen. Und das Sechsbettzimmer habe ich tatsächlich für mich alleine – welch feudaler Luxus im „Pilgerhotel“ am See.

Monte Carlo auf Italienisch

Albergue Alcántara – Grimaldo

Nach einem tollen Frühstücksbuffet, das gestern Abend schon vom Hospitaliero vorbereitet wurde, und von dem wir uns heute Morgen nur noch bedienen mussten, verlasse ich zusammen mit Carlo die äußerst pilgerfreundliche Unterkunft. Dabei ahne ich, dass unsere gemeinsame Wanderung nur ein kurzes Vergnügen sein wird, denn laut Streckenführer geht's gleich nach der Herberge für einige Zeit steil bergan. Über etliche Kehren windet sich der Feldweg in die Höhe, und das Keuchen von Carlo wird immer heftiger. Schließlich bestätigt sich meine Vermutung, und ich darf mich den Schönheiten der Natur wieder mal alleine widmen. Oben auf der Hochebene ist auch mein Kreislauf in Schwung gebracht, doch auf dem folgenden, flachen Weg rasch wieder beruhigt.

In kurzen Abständen passiere ich mehrere Tore und komme immer wieder an Kuhherden vorbei, von denen mich einzelne Exemplare neugierig mustern, zumindest kommt es mir so vor. Doch auch ich beobachte die in den weitläufigen Weidearealen eingezäunten Tiere, und wieder ist es mir ein Rätsel, von was sie sich ernähren. Denn dass die zahllosen Ginsterbüsche, die ich als einzig mögliche Futterquelle erkenne, zu ihrer Lieblingsnahrung zählen, stelle ich arg in Frage. Wahrscheinlich gehören die Rinder der Extremadura zu den „Mehrfachwiederkäuern", die ihre spärliche Nahrung restlos aufspalten müssen, um überhaupt überleben zu können.

Am Horizont erblicke ich dann das an einem Berg liegende Cañaveral, das ich in gut einer Stunde erreicht haben müsste. Über einen steilen Abhang, der mit zahlreichen Felsplatten und

Felsbrocken bestückt ist, kämpfe ich mich vorsichtig nach unten und gelange kurz danach an ein Tor, das sich nur mit größtem Kraftaufwand öffnen lässt. Wie wird es hier wohl den beiden Frauen gehen, wenn sie dieses Hindernis passieren wollen! Über eine mittelalterliche Steinbrücke überquere ich einen kleinen Bach, wonach es gleich stramm bergauf ins anvisierte Dorf geht.

Auf halber Höhe laufe ich zu einem recht alten, etwas kleingeratenen Mann mit ziemlich faltigem Gesicht auf, der sich mit kurzen Tippelschritten den Hang nach oben arbeitet. Aufgestützt auf seinen Spazierstock deutet er mit der noch freien Hand in Richtung des gelben Sonnenballs, nickt dabei mit dem Kopf, um mir dann mit einer zweiten Handbewegung vor seinem Mund, den er jetzt weit geöffnet hat, anzuzeigen, dass man viel trinken muss an so einem heißen Tag. Ich bestätige ihm dies mit einem Nicken meinerseits und frage ihn darauf, ob es eine Bar in der Ortschaft vor uns gibt. Gleich zwei soll es geben, und grüßend ziehe ich an ihm vorbei.

Zehn Minuten später sitze ich bei meinem Milchkaffee, als mir der Barbesitzer berichtet, dass auch er schon nach Santiago gepilgert ist. Dazu überreicht er mir seinen alten Wanderstock, der an der Wand hinter ihm befestigt war und präsentiert mir stolz ein Foto, worauf er in kompletter Wanderkluft vor der berühmten Kathedrale abgebildet ist. Zweimal sei er schon dort gewesen, einmal im Februar und einmal im November, denn die große Hitze würde er nicht vertragen. Als ich ihm anbiete seinen urigen Stock gegen meine beiden Alustäbe zu tauschen, winkt er lachend ab. Dann trägt er mir noch schöne Grüße an die Herbergsbetreiber in Grimaldo auf, die er sehr gut kenne und ich könne mich jetzt schon auf die pilgerfreundlichen Leute freuen.

Nach einem raschen Einkauf im Mini-Supermarkt lasse ich das kleine Straßendorf hinter mir. Es folgt ein kurzes Intermezzo auf dem Seitenstreifen der Nationalstraße, bevor ich bei der Ermita de San Cristobal links auf einen Pfad abzweige. Ich lasse mich einfach zu Füßen der rundweg freistehenden Kapelle nieder und spüre dabei eine eigenartige und gleichsam wohltuende Ruhe, die in meinen Körper eingezogen ist. In diesen Augenblicken wird mir bewusst, wie gefestigt ich mittlerweile in meiner Pilgerschaft bin, und ich bin sehr dankbar, diesen Weg gehen zu dürfen.

Unter dem wolkenlosen, blauen Himmel strebe ich eine halbe Stunde später unter direkter Sonneneinstrahlung einen felsigen, fast geröllartigen Anstieg über hundert Höhenmeter hinauf, von dem aus ich einen weiten Blick auf mein bisheriges Wanderareal zurückwerfen kann. Zum Glück leiten mich die Pfeile im Anschluss durch einen schattenspendenden Kiefernwald, in dem die Stille nur durch das Rufen eines Kuckucks durchbrochen wird.

Beschauliche Kirchturmspitze in Cañaveral

Auf den letzten Kilometern vor Grimaldo präsentiert sich mir die Vía nochmals von ihrer schönsten Seite. Durch eine märchenhaft anmutende Dehesa mit altem Korkeichenbestand schwebe ich förmlich über den weichen Waldboden. Es ist ein Ort, an dem sich die Märchen von Rotkäppchen oder Hänsel und Gretel hätten zutragen können. Dabei übersehe ich beinahe das unscheinbare Tor, durch welches ich schlüpfen muss, um über einen letzten Anstieg nach Grimaldo zu gelangen.

Und wie tags zuvor, bin ich wieder der erste Gast in der Herberge. In der Bar gleich nebenan erhalte ich den Schlüssel, richte artig meine aufgetragenen Grüße aus und mache es mir für einige Minuten in einem der drei Schlafräume auf einer Matratze bequem. In exakt der gleichen Reihenfolge von gestern trudeln dann meine Pilgerkollegen der letzten Tage ein. Als wir zu viert schon längst im Schatten vor der Bar sitzen, wird die filmreife Ankunft von Carlo von allen mit Beifall begleitet. Der abermals völlig durchgeschwitzte Italiener sieht einem arabischen Scheich zum Verwechseln ähnlich: Um sich vor der starken Sonneneinstrahlung zu schützen, hat er sich mit Hilfe von Sicherheitsnadeln an seine Kopfbedeckung ein weißes Handtuch geheftet, das ihm von den Ohren bis über die Schultern reicht. Passend dazu trägt er ein weißes, vor Nässe fast triefendes T-Shirt, das seinen kugeligen Bauchbereich so eng umspannt, dass dieser besonders gut zur Geltung kommt. Eine große dunkle Sonnenbrille, ein weißer, stoppeliger Fünftagebart und die Unmengen an Schweißperlen, die sich über sein ganzes Gesicht verteilen, perfektionieren sein Erscheinungsbild. Als er so auf uns zugetrippelt kommt, kann ich einfach nicht widerstehen und muss ihn fragen, wo er denn sein Kamel gelassen habe. Schlagfertig antwortet der sympathische, abgekämpfte Italiener, dass es dem Tier zu heiß geworden sei, und er es deshalb im letzten Wald zurück lassen musste. Ohne Umschweife zieht es ihn daraufhin in die Bar, um sich mit einem kühlen Bier zu uns zu setzen.

Zu fünft verbringen wir einen weiteren, sehr unterhaltsamen Nachmittag, zu dem vor allem Detlef seinen Teil beiträgt. Bisweilen nennen wir ihn auch „Templario“, da er schon seit drei Tagen mit dem gleichen, schwarzen T-Shirt herumläuft, auf das ein großes, rotes „T“ aufgedruckt ist, das auf den im 12. Jahrhundert gegründeten Templerorden verweist. Ein Bier nach dem anderen kippt der hochgewachsene, künftige „Sevillaner“ in sich hinein, wobei er immer gesprächiger wird. Unter anderem erzählt er uns, dass er einen älteren Bruder namens Karl-Heinz habe, den er nicht besonders leiden könne. So habe er sich eines Tages dazu entschlossen, seinen beiden Füßen eigene Namen zu geben. Sein linker Fuß heißt seitdem Karl und sein rechter Heinz. Dadurch sei es ihm im übertragenen Sinne möglich, seinen Bruder mit Füßen zu treten, was selbstverständlich eher spaßig gemeint sei. Und wenn schon Detlefs Füße einen eigenen Namen haben, so sollte auch Carlos Bauch auf eine individuelle Anrede nicht verzichten müssen. Lange brauche ich nicht zu überlegen, und die Wölbung über seiner Gürtellinie schimpft sich fortan „Monte Carlo“. Erst am späten Nachmittag wird es etwas ruhiger, als sich nach geschätzten vier Litern Bier unser Templario in sein separates Zimmer zurückzieht. Nur zum Abendessen erscheint er kurzzeitig wieder, bevor er für heute endgültig entschwindet.

Noch ein geselliger Nachmittag vor zwei langen Etappen

Morgen früh heißt es für mich, von meinen Freunden Abschied nehmen, da ich etwas längere Etappen geplant habe. Gut dreißig Kilometer stehen auf meinem Programm, was den vier anderen angesichts der zu erwartenden, hohen Temperaturen eindeutig zu weit ist. Gegen 23 Uhr lasse ich mich von einem humorvollen Italiener, mit dem ich mir das Zimmer teile, ritze-ratze in den Schlaf sägen.

Krümelmonster und Kichererbse

Grimaldo – Carcaboso

Mein Handyalarm weckt mich Punkt 6 Uhr. Noch bevor die angrenzende Bar öffnet, möchte ich mich beim ersten Tageslicht auf den Weg machen. Es ist zwar Pfingsten, aber ein Sonntagsspaziergang steht mir nicht ins Haus. Nachdem ich meine Habseligkeiten verstaut habe, setze ich mich kurz auf einen Stuhl vor der Herberge und warte ein bisschen, da es zum Loslaufen noch zu dunkel ist. Währenddessen erscheinen der Reihe nach meine mehr oder weniger ausgeschlafenen Pilgerkollegen. Den frischesten Eindruck hinterlässt ausgerechnet Detlef, der seinen gestrigen Umtrunk bestens überstanden hat. Von den Bar- und zugleich Herbergsbetreibern wurde uns tags zuvor für sieben Uhr ein Frühstück versprochen. Eigentlich ist mir dies zu spät, doch auf einmal kommt es mir auf die paar Minuten auch nicht an, und so gibt's eben doch einen standesgemäßen Feiertagseinstieg.

Detlef hat dann wieder eine seiner verrückten Ideen. Er will unbedingt kaltes Gazpacho zum Frühstück, von dem noch jede Menge vom Abendessen übrig ist. Spontan schließen Carlo und ich uns seinem Vorschlag an, und zu dritt stoßen wir mit einem großen Glas kalter und ungekochter Gemüsesuppe auf eine erfolgreiche Vía an. Abwechselnd nehme nun ich einen Schluck vom eiskalten Gazpacho, dann einen Schluck vom heißen Kaffee. Ein schönes Durcheinander und ein Härtetest für meinen Magen. Doch ich hoffe, von den Mineralien aus dem Gemüse auf der Strecke zu zehren. Mittlerweile ist die Morgendämmerung vorbei, und für mich wird es Zeit, mich von meinen Kollegen zu verabschieden. Als erster verlasse ich die Herberge und nehme meine längere Etappe in Angriff.

Mitten durch eine riesige Schafherde

Mein Weg führt mich zurück an das kleine Tor, an dem ich gestern beinahe die Abzweigung in Richtung des Neunzig-Seelen-Dorfes übersehen hätte. Alle anderen waren an dieser unscheinbaren Markierung vorbei gelaufen und mussten an der nächsten Gabelung gut einen Kilometer in die kleine Ortschaft zurückmarschieren. So bin ich nicht zu sehr verwundert, als ich plötzlich Detlef vor mir habe, da jeder seinen bekannten Anschlusspunkt zur Route ansteuerte, und ich wusste, dass mich mein Weg leicht zurückführen würde. Ein kurzer Wortwechsel und der Hüne sieht nur noch meine Rückansicht.

Es ist ein ruhiges und entspanntes Wandern heute Morgen. Auf mehr oder weniger breiten Pfaden schlängelt sich der Weg durch Wald und Hain. Die Korkeichen werfen um diese Tageszeit noch ausgiebig Schatten, und von den riesigen Ginsterbüschen, die ich ständig streife, erhalte ich kleine Gratisduschen vom Tauwasser. Überrascht werde ich dann von einer riesigen Schafherde, die ich plötzlich vor meinen Augen habe und durch die ich mir den Weg bahnen muss. Die kleinen Lämmchen springen munter in der Gegend herum und scheinen um diese Tageszeit noch genügend Energie zu besitzen, während mir die ausgewachsenen Schafe teils blökend, teils fressend kaum von den Füßen weichen. Dabei gelingt es mir sogar, einige dieser wolligen Tiere zu streicheln. Nur auf die kleinen Kügelchen, die die Herde hinter sich lässt, gebe ich besonders acht. Dann bin ich wieder ganz alleine mit mir und der Natur, öffne unbeirrt ein Tor nach dem anderen und lasse mich im leichten Auf und Ab von den gelben Pfeilen leiten. Immer öfter greife ich zur Trinkflasche, und mir ist jetzt schon klar, dass heute ein sehr heißer Tag bevorsteht. Abwechselnd wandere ich mal rechts, mal links an einer Natursteinmauer entlang, erblicke einen kleineren Stausee, steige später einen steinigen Abhang hinunter, überquere einen Bach und kämpfe mich auf der anderen Seite wieder einen Anstieg hinauf. Nach dem Passieren einer größeren Finca habe ich auf der Anhöhe einen ersten Blick auf das noch gut fünf Kilometer entfernte Galisteo. Vorbei an einer Rinderherde schlängelt sich der Weg nun durch eine kargere Landschaft talwärts. Unten werde ich längs eines Bewässerungskanals geführt, wobei ich immerzu den kleinen Mückenschwärmen, die sich in Nähe von Wasser besonders wohl fühlen, auszuweichen versuche. Richtig lästig können diese Geschwader sein, und mein Schweißgeruch zieht sie wahrscheinlich besonders an. Als ich eine halbe Stunde später einen letzten, steilen Anstieg bewältigt habe, liegt das malerische, von einer zehn Meter hohen Stadtmauer umgebene Galisteo vor meinen Augen.

Blick auf Galisteo mit seiner Stadtmauer

Über eines der stattlichen Tore betrete ich den Ort, werfe einen Blick in die im 13. Jahrhundert errichtete Kirche, in der gerade der Feiertagsgottesdienst zelebriert wird, verweile für einige Minuten andächtig zwischen den sakralen Mauern und befinde mich wenig später in einer Bar. Gut zwanzig Kilometer habe ich mich bis zum Mittag durch die abwechslungsreiche Landschaft treiben lassen, an und für sich schon mehr als genug für einen Pfingstspaziergang, und auch die Temperaturen, die die 30°Celsius-Marke bestimmt schon überschritten haben, rechtfertigen einen längeren Halt. Ich setze mich an den Tresen, bestelle ein kleines Bier, entledige mich meiner Wanderstiefel, währenddessen mein Blick auf die vorbereiteten, leckeren Fleisch- und Fischspezialitäten fällt, die hinter einer Glaswand nur noch auf den Verzehr warten. Mir läuft das Wasser im Munde zusammen, und binnen kurzem darf ich zwei gehäufte Tellerchen, eines mit Schweinefleisch und eines mit Pulpo, mein eigen nennen. Das ist also mein Festtagsmahl, und es schmeckt fantastisch. Ich werde mehr als satt und kann es kaum verspeisen. Zum Nachtisch noch einen großen Milchkaffee – und das alles für 3,90 Euro. Vom Barbesitzer lasse ich mir meine Wasserflasche auffüllen, die auf dem Weitermarsch bestimmt mein wichtigstes Utensil sein wird und ziehe mir dann die Schuhe wieder an. Ich hoffe, dass meine ausgelüfteten Stiefel keinen allzu starken Mief in die Stube gebracht haben, aber bei den vielen Rauchern in den spanischen Kneipen geht dieser Geruch gewiss unter.

Erhebliche Schwierigkeiten habe ich sodann mit den nächsten gelben Markierungspfeilen, egal wohin ich gehe, ich kann sie nirgends entdecken. Fast das halbe Dorf habe ich schon umlaufen, als ich mitten in einer Wiese stehend nicht mehr weiterkomme. Doch irgendjemand muss mich bei meinem Irrgang beobachtet haben, denn als ich einen lauten Pfiff vernehme und mich umwende, winkt mir aus zweihundert Meter Entfernung jemand zu und zeigt mir die Richtung an, in die ich laufen muss. Dankend winke ich zurück und bin fünf Minuten später wieder in der Spur. Bestimmt zwanzig Minuten habe ich gerade vergeudet mit dieser ungeplanten Aktion, die mir jede Menge Schweiß auf die Stirn getrieben hat. Als ich wenig später an eine riesige Baustelle komme, an der ein neuer Anschluss zur Nord-Süd-Autobahn entsteht, fange ich gar nicht erst an, nach den nicht mehr vorhandenen Pfeilen zu suchen, sondern stoppe das nächste Fahrzeug und lasse mir vom Fahrer den Weg erklären – was prima klappt.

Mittlerweile ist es fast unerträglich heiß geworden, die Sonne schickt ihre Strahlen unerbittlich vom wolkenlosen Himmel herab, gewiss der heißeste Tag seit meinem Start in Sevilla. Doch nicht nur von oben werde ich gebacken. Der aufgeheizte Asphalt, der mich laut Reiseführer bis an mein Etappenziel begleiten wird, ist schon längst nicht mehr in der Lage, die Hitze zu absorbieren und wirft mir sein Überangebot von unten entgegen. Ich bin quasi der Spielball der heißen Strahlen, eine Art „Hot Dog“. Eigentlich müsste es zischen, wenn ich aus meiner Wasserflasche trinke, sinniere ich, um mich selbst etwas aufzuheitern.

In der nächsten Ortschaft stürze ich mit Sonnenhut und Sonnenbrille sofort in die einzige Bar. Ich brauche unbedingt Abkühlung, bevor ich noch verkocht und durchgegart ende. Dabei kann ich von Glück sprechen, dass ich für mich und mein

Marschgepäck noch einen Platz ergattere – die Bude ist proppenvoll. Kaum dass ich mich zur Bedienung durchkämpfen kann, denn der Tresen ist mehr als dicht umringt. Das ganze Dorf ist wohl in diesen Raum geflüchtet, Männlein wie Weiblein. Wie in einer Räucherkammer komme ich mir vor, denn das Qualmen scheint in dieser Kneipe Pflicht zu sein. Ich bestelle mir ein Radler, zu dem mir ein Teller mit einigen Pommes und Schweineschwarten gereicht wird. Nachdem ich das halbe Glas in einem Zug ausgetrunken habe, rinnen mir gleich doppelt so viele Schweißperlen von der Stirn. Allzu lange halte ich es hier drinnen nicht aus und mache mich schon bald auf die letzten fünf Kilometer für heute.

Wieder geht es die kleine Asphaltstraße entlang, auf der so gut wie kein Verkehr herrscht. Ist auch kein Wunder, die sind ja alle in die Bars abgetaucht. Während der ganzen Etappe ist mir bis auf Detlef kein einziger Pilger begegnet, und ich bin gespannt, wie die Situation in der Herberge sein wird. Bis auf den letzten Tropfen habe ich meine große Wasserflasche geleert, die ich mir in der Bar in Galisteo habe auffüllen lassen, als ich gegen 15 Uhr in Carcaboso ankomme. Ein Pfingstsonntag, den ich bestimmt so schnell nicht vergessen werde – und für morgen habe ich eine noch längere Strecke geplant.

Gespannt bin ich jetzt auf Señora Elena. Die hiesige Herbergsbetreiberin soll ja berühmt sein für ihre Fürsorge gegenüber den Pilgern. Die ältere Dame hat regelrecht Kultstatus auf der Vía, wie ich meinem Wanderführer entnehme. So betrete ich die Bar „Pacense“, in der man nach ihr fragen soll, und sogleich ruft der Barbetreiber nach seiner Mutter. Zur Begrüßung wirft sich die etwa 70-jährige flugs an meine Seite und ringt mir ein sattes Küsschen ab. So toll muss es aber auch nicht sein, denke ich, bevor sie zwei Sekunden später meine Hand ergreift und mich aus der Kneipe schleppt. Gleich nebenan geht’s in die Herberge, in der mir ein Dreibettzimmer zugeteilt wird. Ein Franzose ist der einzige Gast neben mir, informiert sie mich, bevor sie mit ihren ausgiebigen Unterweisungen beginnt. Ich werde in das Bad geführt und eingewiesen, wo sich die Wasseranschlüsse für die Dusche befinden und wo noch weiteres Toilettenpapier gelagert ist, dann führt sie mich an den Platz, wo ich meine Schuhe abstellen kann und zeigt mir, wo ich Wäsche waschen und zum Trocknen aufhängen kann, ja sogar die Lichtschalter werden nicht vergessen, bevor ich wieder in mein Zimmer geleitet werde. Hinlegen soll ich mich für einige Minuten, etwas ausruhen, anschließend duschen und dann erst die Bar aufsuchen, das sei besser für meinen Körper, erklärt mir die Fürsorgliche. Und tatsächlich, sie lässt mich wirklich alleine.

Selbstverständlich wage ich nicht, mich ihren Anweisungen zu widersetzen, und exakt, wie mir geraten, leiste ich Folge. Wahrscheinlich wäre ich da von alleine nie darauf gekommen! Dank an Señora Elena.

Beim Wäscheaufhängen begegne ich jetzt dem zweiten Herbergsgast. Der Franzose ist groß gewachsen, sehr schlank und etwa 60 Jahre. Ganz besonders stolz ist er auf seine Heimatstadt Paris. Bald ist das bestimmende Gesprächsthema zwischen uns die immense Hitze, die ihn dazu veranlasst hat, heute nur gut zehn Kilometer von Galisteo bis hierher zu wandern. Als ich ihm erzähle, von wo ich gestartet bin, schlägt er die Hände über den Kopf und beginnt zu kichern. Doch irgendwie kichert er nach jedem Satz, wie mir inzwischen aufgefallen ist. Bis vor fünf Minuten habe ich gar nicht gewusst, dass es so eine „Krankheit" gibt!

Neben dem extremen Wetter ist die morgige Etappe das wichtigste Thema. Knappe vierzig Kilometer, ohne ein einziges Dorf dazwischen, stehen auf dem Programm. Eine noch größere Herausforderung als heute, nicht zuletzt schon wegen der Flüssigkeitsmenge, die man zusätzlich mitschleppen muss. Und passieren darf zwischendurch auch nichts, denn von wem soll man Hilfe erfahren. Wird schon alles gut gehen, denke ich mir, und ein kleines Gebet gen Himmel schadet gewiss auch nicht.

Endlich gibt es für mich das längst verdiente Bier in der Bar, wobei ich mich selbstverständlich noch immer exakt an den vorgegebenen Ablaufplan von Señora Elena halte. Dabei eröffnet mir ihr Sohn, dass seine Mutter noch einen ganz besonderen Tipp für die morgige Etappe in petto habe, den sie mir und dem Franzosen später verraten will.

Ziemlich ausgehungert treffe ich beim anschließenden Dorfbummel auf den stolzen Pariser, der bereits seit Mittag hier verweilt und mir für das Abendessen eine Bar empfiehlt, in der er schon vor Stunden gespeist hat. Er begleitet mich sogar dorthin, und ich ordere den angepriesenen Plato de día, den Tagesteller. Zum Bersten voll ist er, mit drei großen Fleischstücken, Pommes und Tomaten beladen. Doch genau so voll ist auch das Lokal, denn meinen Verzehr der Speisen begleitet ein Stierkampf nach dem anderen, und ein Stier nach dem anderen lässt dabei sein Leben. Die vielen Spanier können sich gar nicht satt sehen – irgendwie abartig!

In der Bar „Pacense" – im Hintergrund Señora Elena

Dann kommt die große Stunde von Señora Elena. Auf geheimnisvolle Weise wird uns ihre Alternative für die morgige Etappe unterbreitet. Dazu müssen wir an einem Tisch neben ihr Platz nehmen, wo sie gerade einen Teller Erdnüsse verspeist. Sie kommt sich ungemein wichtig vor und versucht in ihrer altklugen Weise, uns ihre Alternative aufzuschwatzen. Da sie dabei immerzu an den Erdnüssen knabbert, ist ein respektabler Abstand von zwei Metern durchaus zweckmäßig, um nicht ständig vom Erdnussauswurf aus ihrem Mund getroffen zu werden. Sie beginnt ihren geheimnisvollen Vortrag erst einmal damit, dass sie uns auszureden versucht, die ganze Etappe in einem Stück zu bewältigen. Aufgrund der zu erwartenden Hitze und wegen der Abgeschiedenheit der Strecke sei dies äußerst riskant, schüchtert sie uns ein. Ihre Alternative sieht vor, kurz nach der Streckenhälfte eine Telefonnummer zu wählen, die wir von ihr erhalten werden. Daraufhin würde uns jemand an dieser Stelle abholen und uns mit dem Auto in eine Privatunterkunft bringen. Der Franzose, der sich nach jedem seiner Worte jetzt auch noch zu räuspern beginnt, bevor er sich seinem obligatorischen Kichern widmet, zeigt sich von dem Vorschlag hellauf begeistert. Als ich ihr jedoch zu verstehen gebe, dass ich mich schon früh bei Tagesanbruch auf die lange Strecke begeben will und auf meine Kondition vertraue, schlägt die ehrwürdige Dame die Hände über ihren Kopf und beschwört mich beinahe, davon abzulassen. Doch ich bin fest entschlossen. Der Franzose meint nur, dass ich noch jünger sei, räuspert sich wieder und gibt erneut sein Gekicher zum Besten. Zwischendurch wirft mir Señora Elena zwei Erdnüsse über die zusammengestellten Tische und meint, dass ich mir mein Vorhaben nochmals überlegen soll. Nachdem ich die beiden Nüsse verspeist habe, kramt die Señora zwei weitere aus ihrem Schälchen und schleudert mir sie erneut entgegen. Es folgt ein letzter, deutlich zaghafterer Versuch, mich doch noch umzustimmen – allerdings vergebens. Daraufhin wendet sie sich dem Franzosen zu und erklärt ihm bestimmt fünfmal nacheinander ihre Variante. Zwischendurch vergisst sie freilich nicht, sich für ihren schlauen Vorschlag selbst zu preisen. Und wieder wäre ich beinahe Opfer ihres Erdnusskrümelauswurfs geworden. Als ich dann meine Kamera zücke, um sie wie eine berühmte Persönlichkeit abzulichten, sitzt sie zum ersten Mal aufrecht im Stuhl und schließt ihren Mund, um das etwas verunstaltete Gebiss zu verbergen. Als ich ihr das Foto zeige, nickt sie zufrieden.

Um 22.30 Uhr zieht sich der Franzose in seine Kammer zurück. Ich besorge mir noch ein Radler und bleibe draußen vor der Bar sitzen. Plötzlich tritt die Señora an meinen Tisch und überreicht mir kopfnickend und mit einem Lächeln zwei Äpfel für die morgige Etappe. Daraufhin hält sie mir ihren Kopf an mein Gesicht, und ich darf sie links und rechts noch küssen. So gestärkt begebe ich mich in mein Schlafgemach, stelle am Handy den Alarm auf 6 Uhr und beende den Tag mit einem letzten Stoßgebet.

Noch ist es nicht soweit

Carcaboso – Aldeanueva del Camino

Um 6.20 Uhr bin ich marschbereit. Wie abends abgesprochen, klopfe ich beim Verlassen der Herberge noch an der Zimmertür des Franzosen, worauf mir sogleich ein „Buen Camino" entgegen schallt. Im ersten Morgengrauen schleiche ich durch die verwinkelten Straßenzüge des Dorfes hinaus in die Abgeschiedenheit der Natur. Bereits gestern Nachmittag bin ich den gelben Pfeilen von der Herberge aus ein Stück weit gefolgt, da ich im Halbdunkeln kaum eine Chance hätte, den richtigen Weg zu finden. Nach etwa zwanzig Minuten habe ich die Wahl, mich zwischen zwei Wegverläufen zu entscheiden, die nach gut drei Kilometern wieder zusammen führen. Allerdings wird mir die Entscheidung quasi abgenommen. Zirka dreißig Meter hinter der Gabelung belagert gerade ein vierköpfiges, freilaufendes Hunderudel eine der Alternativen, wodurch mein Bedürfnis deutlich abebbt, mich für diese Variante zu entscheiden. Ohne lange zu überlegen wende ich mich nach rechts und nehme mit der etwas längeren Route Vorlieb. Nach zwei Kilometern öffne ich heute mein erstes Tor und befinde mich kurz darauf inmitten einer grasenden Rinderherde. Einige Exemplare, die direkt auf meinem Weg herumstehen, blicken mich fragenden Blickes an, bevor sie mir brav Platz machen. Schließlich bin ich froh, dass ich die für meinen Geschmack mit gar zu vielen Kuhfladen – auf Spanisch klangvoll „la caca de la vaca" – übersäte Weidefläche hinter mir habe und meinen Weg durch einen Korkeichenwald bis zur Wiedereinmündung in die einheitliche Streckenführung fortsetzen kann. Zwischendurch schiebe ich mir eines von zwei Schokocroissants in den Mund, die ich mir gestern noch schnell besorgt habe, gefolgt von einem Apfel der Señora.

Auf einem Brückchen überquere ich einen Bewässerungskanal, öffne ein weiteres Tor und lasse mich von den Pfeilen direkt in die nächste Dehesa leiten. Eine Waldstraße führt mich berghoch in einen märchenhaften, mit knorrigen Eichen und riesigen, moosbesetzten Granitsteinen durchsetzten Landstrich. Noch steht die Sonne niedrig und die abwechslungsreiche Vegetation spendet Schatten. Der sich nun zu einem Wiesenpfad verjüngende Weg weist mich entlang an Natursteinmauern, die als Begrenzung für die hier zahlreich weidenden Rinderherden fungieren. Einzeln oder in kleineren Gruppen ziehen sie durch den lichten Baumbestand, immer auf der Suche nach den spärlichen, meist verdorrten Grasnarben. Einige Jungtiere schrecken auf, als ich ihnen zu nahe komme und flüchten hin zu den größeren Artgenossen. Dann steht mir plötzlich eine vereinsamte Ziege im Weg. Zuerst mustert sie mich genau, um schließlich doch Reißaus zu nehmen.

Ich genieße diese morgendliche Ruhe in der Natur und bin sehr dankbar, eine so schöne Vía erleben zu dürfen. Mit nur einem Wort lässt sich das Gefühl beschreiben, das man empfindet, wenn man stundenlang durch eine so wunderbare, naturbelassene Landschaft streicht, man trotz der Einsamkeit keinerlei Ängste verspürt, sich ganz sicher fühlt und die Gedanken unbemerkt abschweifen. Man fühlt sich einfach „aufgehoben“.

Erst nach zwei Stunden wird die Vegetation spärlicher und lediglich die wenigen größeren Bäume beschatten den Weg. Von Minute zu Minute wird es wärmer. Mit aller Macht bereitet sich die Sonne auf eine erneute Demonstration ihrer Kraft vor, und ich laufe ihr direkt entgegen. Ein weiterer Höhepunkt meiner Vía de la Plata steht kurz bevor. Der *Arco de Cáparra*, eines der stattlichsten Zeugnisse monumentaler Baukunst der Römerzeit, liegt nur mehr eine Stunde Fußmarsch von mir entfernt. Der Weg zu dem berühmten, antiken Torbogen verläuft entlang einer Graspiste, die von wenigen Bäumen gesäumt ist. „Bloß nicht das Trinken vergessen“, lautet meine Devise. Mit dreieinhalb Litern Flüssigkeit bin ich am Morgen gestartet, was sich als Last langsam bemerkbar macht. Zwar habe ich mich schon längst an meinen Rucksack gewöhnt, die meiste Zeit nehme ich ihn gar nicht mehr wahr, trotzdem schiebe ich ihn immer wieder mit den Händen für ein paar Sekunden nach oben, um die Schulterpartie kurzzeitig zu entlasten.

Und dann steht er plötzlich vor mir, dieser mächtige, nach vier Seiten hin offene Torbogen. Ich zücke meine Kamera, stelle sie auf Videoaufnahme und schreite stolz unter dem antiken Relikt hindurch. Schon beeindruckend, was die alten Römer so errichtet haben. Von allen Seiten nehme ich das gewaltige Steinmonument fotographisch unter Beschuss, wobei ich mich mit Hilfe des Selbstauslösers auch auf das Bild zu bringen versuche. Für einige Minuten lasse ich mich im Schatten des Bauwerks nieder, verzehre mein zweites Schokocroissant, das man als solches kaum noch identifizieren kann und genehmige mir einen kräftigen Schluck Wasser. Schließlich lasse ich mich eine Zeit lang durch die umliegenden Ausgrabungen treiben, bevor ich meinen Weg fortsetze, auf dem mir heute noch niemand begegnet ist. Die noch ausstehenden knapp zwanzig Kilometer in sengender Sonnenglut werden ein weiterer Härtetest in Richtung Santiago sein.

Der Arco – ein Überbleibsel monumentaler, römischer Baukunst

Einer der wichtigsten Aspekte auf einer so langen und kräftezehrenden Etappe ist neben der Mitnahme von ausreichend Flüssigkeit die mentale Einstellung darauf. Schon abends zuvor beginne ich meine Gedanken auf das Erreichen des gesteckten Zieles zu konzentrieren. Ich stelle mir vor, was alles auf mich zukommen kann. Es gilt Schmerzen zu überwinden, die Fußsohlen werden brennen, und jede Menge Schweiß wird fließen. Dabei werde ich stets auf meine Körpersignale achten, versuchen, nicht zu übertreiben und auf keinen Fall meine Kräfte überschätzen. Denn auf der Strecke ist man auf sich allein gestellt, mit Hilfe kann man auf diesen einsamen Wegen nicht rechnen.

Kurz hinter dem Arco führt ein schmaler Feldweg zwischen Natursteinmauern und Buschwerk aus Brombeersträuchern und Ginster leicht abwärts in eine offene Ebene, während sich am Horizont die Vorläufer des kastilischen Scheidegebirges abzeichnen. Mittels einiger Granitblöcke überschreite ich einen kleinen, fast zu einem Rinnsal geschrumpften Bach, bevor sich der Weg weiter durch die steppenähnliche Landschaft zieht. Über eine Stunde bewege ich mich auf staubtrockener Erde durch die verdorrte Graslandschaft. Irgendwann stoße ich auf eine kleine Asphaltstraße, der ich einige Zeit folge. Wie erbarmungslos die Natur in dieser Gegend Spaniens sein kann, wird mir vor Augen geführt, als ich im Graben ein totes Kalb entdecke, das von Ameisen und anderem Getier schon halb zerfressen ist. Als ich wenig später einen Geier über mir kreisen sehe, stoße ich einen Schrei nach oben aus, um ihm klar zu machen, dass es mit mir noch nicht so weit ist – allerdings, viele Reserven habe ich bei der Hitze nicht mehr. Die offene Landschaft, in der ich nicht den geringsten Schutz vor der niederbrennenden Sonne finde, will nicht enden. Nur unwesentlich besser ergeht es in einiger Entfernung ein paar Rindern, die sich unter einen einzeln stehenden Baum zusammen gefunden haben, denn das Blätterdach dieses knorrigen Gewächses kann nicht gerade als üppig bezeichnet werden.

Etwa fünf Kilometer vor meinem Etappenziel sehe ich ein Schild, das auf eine nahe Raststation an der Autobahn verweist, der ich mich stetig genähert habe. Kurzerhand entscheide ich mich die Originalroute der Vía zu verlassen und steuere den Rastplatz an. Bei 35 °C im Schatten – falls es einen gäbe – sicher eine richtige Entscheidung. Beim Betreten des Gebäudes schlägt mir sofort eine angenehme Kühle und der luftige Wind der Ventilatoren entgegen. Kurz darauf läuft mir ein fast zu kalter Schluck Radler den Hals hinunter. Ich ziehe meine Wanderstiefel, dann auch meine Socken aus, um für Durchlüftung an den aufgeweichten Sohlen zu sorgen – für den Augenblick gibt's nichts Besseres. Am liebsten würde ich mich direkt auf die Tischbank legen, was ich mir selbstverständlich verkneife. Die restlichen Kilometer entlang der Nationalstraße, die parallel zur Autobahn verläuft, sind ein letzter, bescheidener Kampf, bevor ich gegen 16 Uhr die Herberge erreiche. Sofort geht es in die Waagrechte, und für zwanzig Minuten denke ich an nichts mehr – außer, dass ich es geschafft habe.

Dann lerne ich den einzigen Mitbewohner kennen. Seit meiner Ankunft liegt der Pilgerkollege ebenfalls auf seinem Bett und erholt sich von den Strapazen. Bei einer gemeinsamen Zigarette wird er schnell gesprächig, stellt sich als Rafael vor und ist angeblich auch von Carcaboso aus auf diese Etappe gestartet. Komisch nur, dass er mir nicht begegnet ist. So um die 35 Jahre schätze ich den drahtigen Spanier. Seine kurz geschorenen Haare, ein von der Sonne tief rotbraun gefärbten Gesicht, dazu ein fehlender Schneidezahn und ein weiteres abgebrochenes Zahnteil, durch das er den Rauch seiner wie zu einem Joint gedrehten Zigarette bläst, wirken auf mich etwas abstoßend. Irgendwie gelingt es mir nicht, diesen komischen Kauz einzuschätzen. Doch eine voreilige Meinung will ich mir nicht erlauben, ich kenne ihn ja noch gar nicht. Meiner Urteilsfindung wird dann erstmals auf die Sprünge geholfen, als die Herbergsbetreiberin erscheint und nach einem „Donativum“, also nach einer kleinen Spende für die Übernachtung fragt. Der Spanier antwortet ihr, gerade kein Geld bei sich zu haben, erst müsse er zum Bankomat. Nachdem ich ihr einen Fünfeuroschein überreicht habe, verlässt sie die Herberge. Daraufhin wird Rafael richtig zornig, und mit einer abfälligen Handbewegung wiederholt er das Wort Donativum. Ein Donativum ist ein Donativum, und wenn jemand nichts geben will, dann ist es seine Sache. „Sch… Donativum“, schimpft er mehrmals. Dann fragt er mich, ob ich gerne Kirschen esse, später würde er für uns welche besorgen.

Nachdem ich geduscht habe, bietet er mir Wein aus einer Tetra-Packung an, die er aus einer Plastiktüte hervorholt. Ich bin zwar kein großer Weinkenner, aber dass dieses Gesöff nicht schmeckt, merke ich sofort. Für mich ist ein Becher mehr als genug, während er den Rest der Packung leert. Später könnten wir uns neuen besorgen, denn er wolle mit mir einkaufen gehen. Als ob er mein Mitleid wecken wolle, erzählt er mir unvermittelt, dass er arm sei und keine Familie mehr habe. Vater und Mutter seien bereits gestorben, und er sei alleine. Als ich ihm erzähle, dass ich verheiratet bin und zwei Kinder habe, meint er nur, dass das zwar ganz schön sein könne, für ihn jedoch nicht in Frage komme. Daraufhin machen wir uns auf zum Supermarkt. Während ich mich mit Lebensmitteln versorge, spricht er nur mit dem Ladenbesitzer. Als ich ihn frage, warum er sich nichts kaufe, meint er bloß, dass er dies später erledigen würde. „Tranquillo“ wiederholt er mehrmals hintereinander, was bedeuten soll, erst mal abzuwarten, dann werde ich schon sehen.

Nach Verlassen des Supermarkts fordert er mich auf, ihm zu folgen. Über mehrere Straßenzüge findet er zielstrebig den Weg zu einem Kirschbaum, steigt über einen Zaun und betritt einen privaten Garten. „Tranquillo“ sagt er nochmals und beginnt, sich zu bedienen. In eine mitgebrachte Plastiktüte füllt er die süßen Früchte. Da mir das Ganze jetzt zu dumm wird, gehe ich alleine in die Herberge zurück und beginne mit dem Abendessen. Fünfzehn Minuten später kommt auch Rafael und präsentiert mir stolz seine Ausbeute, die nichts gekostet hat. Etwas verwundert, dass ich mit meinem Abendessen schon begonnen habe, meint er nun, auch für sich etwas besorgen zu wollen und vergisst nicht, sein Lieblingswort „tranquillo“ zu erwähnen. Wirklich ein komischer Kauz.

Eine Viertelstunde später kehrt er mit zwei Plastiktüten voller Lebensmittel zurück. Ein Brot, ein großes Stück Käse, bestimmt dreihundert Gramm feinster Schinken, mehrere Dosen Thunfisch, Pulpo, Muscheln und Oliven, ein Liter Milch, eine Dose Bier, drei Kuchenstücke und eine Orange sind seine Errungenschaften, die er voller Stolz ausbreitet. Als ich frage, woher er das alles habe, erklärt er mir, dass er von Haus zu Haus gezogen sei, sich als armer Pilger ausgegeben und nach Essen gefragt habe. Dabei vergesse er nie zu erwähnen, dass er kein Geld, sondern nur Essbares wolle. Geld sei für ihn etwas, das man nicht unbedingt besitzen muss. Dann greift er in seine Hosentasche, nimmt eine Zweieuromünze heraus, spuckt kräftig darauf, und steckt sie wieder zurück. Auf all seinen Pilgerwegen habe er sich immer so durchgebracht und sei damit ganz gut gefahren. Zurzeit befinde er sich auf dem Weg nach Pamplona, und angeblich würde er dort eine Arbeitsstelle auf dem Bau sicher haben. Wenn er wieder in Besitz von Geld sei, würde er auch damit bezahlen. Und während er seine reichliche Ausbeute ordnet, kommt ihm die Herbergsbetreiberin wieder in den Sinn, und mit einer verwerflichen Handbewegung wiederholt er kopfschüttelnd „Donativum“. Nun bietet er mir jeweils ein Stück Käse und Schinken an, die er mir auf seinem Messer aufgespießt überreicht, öffnet die Olivendose, fordert mich auf hineinzugreifen und beginnt selbst mit dem Verzehr der Speisen. Mehrmals weist er darauf hin, dass er unbedingt eine Alufolie brauche, da ansonsten der Käse austrocknen würde. Dazu verlässt er die Herberge, um ausgerechnet bei der Betreiberin, die gleich im Haus nebenan wohnt, danach zu fragen. Verärgert kommt er ohne die gewünschte Verpackung zurück und meint, dass er sich diese anderswo beschaffen würde. Unglaublich dreist dieser Typ – zieht ohne Geld durch die Gegend und stellt auch noch Ansprüche! Bei einem gemeinsamen abendlichen Barbesuch erzählt er seine Geschichten zwei jüngeren Spaniern, während ich mich schon längst innerlich distanziert habe. In der Hoffnung, ihm auf meinem weiteren Weg nicht mehr zu begegnen, lege ich mich gegen 23 Uhr schlafen.

Zwei sind einer zu viel

Aldeanueva del Camino – Calzada de Béjar

Rafael steht als erster von uns beiden auf. Ich lasse mir bewusst etwas Zeit, so dass er sich in jedem Fall vor mir auf den Weg machen kann. Mir fällt dabei auf, dass er sich genau wie gestern Abend auch heute Morgen nicht die Zähne putzt. Für einige Minuten widmet er sich seinen Essensvorräten, sortiert Brauchbares aus und schnallt sich dann seinen Rucksack um. Bevor er die Herberge verlässt, mache ich ihn noch auf die Tüte voller Kirschen aufmerksam, die er gestern gar nicht angerührt hat, und die noch im Schlafraum ist. Daraufhin legt er seine Orange dazu und meint, dass dies sein Donativum sei und zieht von dannen. Überall stehen seine Essensreste herum, die angebrochene Milchpackung, Oliven, zerbröselte Kuchenstücke und Brotreste. Warum soll man das alte Zeug denn mitnehmen, wenn man ohnehin wieder Frisches bekommt, ist offensichtlich sein Motto.

Schließlich breche auch ich zu meiner Etappe auf, als Zielort habe ich mir das gut zwanzig Kilometer entfernte Bergdorf Calzada de Béjar vorgenommen. Ohne mich überanstrengen zu müssen, plane ich den Ort schon kurz nach Mittag erreicht zu haben. Die nächstmögliche Herberge wäre nochmals fünf Stunden entfernt, und Lust auf einen derartigen Gewaltmarsch verspüre ich heute absolut nicht. Gemächlich schlendere ich der vor mir liegenden Bergkette entgegen, das kastilische Scheidegebirge muss durchwandert werden. Beständig führt der Weg bergauf, und das Landschaftsbild ändert sich schlagartig. Von einem Kilometer auf den anderen ist plötzlich alles üppig. Wie wenn man aus der Wüste kommend eine Oase betritt, so krass erscheint der Wechsel. Seit zwei Wochen habe ich keine grüne Wiese mehr gesehen, und beinahe wäre mir diese erfrischende Farbe aus dem Gedächtnis entwichen. Die weidenden Kühe haben keine Ahnung, wie gut es ihnen hier geht. Und alle sehen fülliger aus als ihre Artgenossen, die nur einen halben Tag Fußmarsch entfernt sich mit verdorrtem Gras begnügen müssen.

Den ersten Ort, den ich heute ansteuere – leider zum Großteil auf dem Seitenstreifen der Nationalstraße – und in dem ich mein Frühstück einnehmen will, ist Baños de Montemayor, ein alter, traditioneller Kurort mit warmen, schwefelhaltigen Thermalquellen. Besonders bei Rheuma und bei Atemwegserkrankungen sollen sie sehr gute Dienste leisten. Schon die Römer genossen die hiesigen, heilenden Quellen. In einer Bar im Ortszentrum bekomme ich gerade frischen Kaffee einschließlich meines geliebten Schokohörnchens serviert, als überraschend Rafael auf mich zukommt und mich um eine Zigarette bittet. Er habe es sich draußen auf einem Platz bequem gemacht, wohin er auch gleich wieder verschwindet.

Brunnen an der Calzada romana

Auf historischem Straßenpflaster direkt hinter der Ortschaft gewinnt der Weg weiter an Höhe, und ich habe einen herrlichen Blick über den alten Kurort und das dahinter liegende Tal. Auf der Nationalstraße wieder angelangt, weist ein riesiges Schild auf die Autonome Region Castilla y León hin, und die 320 Kilometer der Extremadura habe ich erfolgreich bewältigt. Ich freue mich auf diesen zentralspanischen Bezirk, auf das hochgelegene, dünn besiedelte Gebiet mit seinen weiten und kargen Mesetas, und auf Salamanca, die geschichtsträchtige Hauptstadt der gleichnamigen Provinz. Nach Überschreiten der Passhöhe führen die gelben Pfeile in einen Feldweg, der mich in ein grünes, waldreiches Tal hinunter leitet. Auf einer schönen Steinbrücke überquere ich einen kleinen Fluss mit dem wohlklingenden Namen Río Cuerpo de Hombre, neben dem es etwas versetzt auf einem schmalen Pfad gut drei Kilometer entlang geht. Es folgt ein knapp halbstündiger, recht steiler und steiniger Anstieg, der in der prallen Sonne liegt, und gleich am Ortseingang des anvisierten Bergdorfs befindet sich die private Pilgerherberge. Hier werde ich mir einen entspannten Nachmittag genehmigen, mich längst überfälligen Tagebucheintragungen widmen und mich von den weiteren Ereignissen überraschen lassen.

Die Hospitaliera empfängt mich sehr freundlich, und ich stelle fest, dass ich zu diesem frühen Zeitpunkt der erste Peregrino bin. Nach dem Duschen und Wäschewaschen lege ich mich kurzzeitig auf mein Bett, wo mir jedoch schnell langweilig wird. So erledige ich in aller Ruhe meine Aufzeichnungen, schmökere eine Zeit lang im Gästebuch der Herberge, aus dem ich entnehme, wie wohl sich meine Vorgänger hier gefühlt haben und mache mich zu einer Erkundung durch das alte und mancherorts verfallen wirkende Bergdorf auf. Besondere Aufmerksamkeit erregen die mit unzähligen Blumentöpfen gezierten, windschiefen Balkone, von denen etliche einen eher instabilen Eindruck machen. Der kleine Spaziergang sorgt jedoch nur kurzzeitig für Abwechslung, so dass ich mich bald darauf in der etwas heruntergekommenen Dorfbar finde. Meine Gesellschaft besteht aus gut einer Handvoll grauhaariger, älterer Männer, die alle um einen einzigen Tisch herumsitzen und sich meist rauchend und trinkend ihre Zeit mit Kartenspielen vertreiben.

Wieder zurück in der Herberge bemerke ich, dass ich immer noch der einzige Gast bin. Von der Hospitaliera erfahre ich, dass gestern etwa zehn Pilger zur Übernachtung da waren, und sie die heutige Situation ungewöhnlich findet. Umso erstaunter bin ich, als sie mir zum Abendessen ein Menü anbietet. Ich frage nach, ob sie wirklich für mich alleine ein Menü zubereiten würde, worauf sie mir erklärt, dass sie ohnehin für ihre Familie kochen würde und eine Portion mehr kein Problem sei. Sofort stimme ich zu und freue mich schon auf das Essen, da ich das Gefühl habe, inzwischen ein Loch im Bauch zu haben. Gegen sieben Uhr abends soll es soweit sein. Währenddessen spiele ich mit der elfjährigen Tochter, die in diesem Ort keine richtigen Gefährten findet. Vier Kinder soll es im ganzen Dorf geben, keine große Auswahl für ein junges Mädchen, das um jede Abwechslung froh ist. Mit Fliegerbasteln, Fliegerweitwurf und einigen Spielereien mit meiner Kamera vertreiben wir uns die Zeit bis zum Essen. Schon längst habe ich mich mit dem Gedanken vertraut gemacht, zum ersten Mal auf der Vía alleine in einer Herberge zu nächtigen, und mittlerweile freue ich mich sogar darauf.

Das Bergdorf Calzada de Béjar

Dann ist es endlich zum Abendessen. Der Tisch wurde bereits vor einer halben Stunde von dem fleißigen Mädchen gedeckt, das mich jetzt herbeiruft. Wasser und Wein stehen bereit, und kurz nachdem ich Platz genommen habe, kommt schon die Kleine mit einer riesigen Suppenschüssel auf mich zu und fragt, ob ich etwas möchte. Selbstverständlich stimme ich gleich zu, denn allein der Anblick der lecker riechenden Suppe lässt meinen Magen hörbar knurren. Nachdem sie mir drei Schöpflöffel der mit Hühnerfleisch bestückten Nudelsuppe in den Teller gefüllt hat, setzt sie kurz ab und schaut mich fragend nach einem weiteren an. Wiederum stimme ich zu und kann es kaum erwarten, mit dem Essen zu beginnen. So schnell habe ich schon lange keine Suppe mehr gegessen, und als meine kleine Freundin dann nochmals mit der großen Schüssel vor mir steht und mich lächelnd zu einen Nachschlag einlädt, frage ich erst zurück, ob denn für ihre Familie noch genug übrig sei. Sie nickt mir freundlich zu und füllt sogleich meinen Teller. Und genau wie beim ersten Mal schaut sie mich abschließend an, ob dies auch wirklich genug sei. Ich deute ihr an, dass es nun wirklich reichlich sei, worauf sie den Rest in die Küche zurück bringt. Der Krug Wein, den ich zu meinem Menü bekommen habe, muss auch nicht lange warten, um geleert zu werden. Nur ein kleines Glas bleibt noch übrig für den Hauptgang. Tortillas de patatos, also Kartoffelpfannkuchen, eine Spezialität der Herbergsbetreiberin, bilden den Höhepunkt dieses Menüs für einen einzelnen Pilger. Das Gericht ist so schmackhaft zubereitet, dass ich es mir regelrecht auf der Zunge zergehen lasse. Für einen ausgehungerten Pilger einfach traumhaft. Und den krönenden Abschluss bildet ein Eisbecher, alles serviert von dem jungen, tüchtigen Bergdorfmädchen. Als sie anschließend meinen Nachspeisenteller abservieren will, bitte ich sie spaßeshalber, jedoch mit aufgesetzter ernster Miene, um einen weiteren Teller Suppe. Daraufhin geht sie einen kleinen Schritt zurück, schaut mich mit weit aufgerissenem Mund an und fragt, ob ich das wirklich möchte. Als ich nach einem überlegenden Zögern verneine, kehrt sie erleichtert zurück in die Küche. Zufrieden und mit gut gefülltem Bauch erhebe ich mich und bereite mich gedanklich auf einen ruhigen Abend sowie eine mucksmäuschenstille Nacht vor. Nachdem die Küche von der Hospitaliera auf Vordermann gebracht wurde, verabschieden sich die kleine und die große Chefin, drücken mir den Herbergsschlüssel in die Hand und ziehen sich in ihr Privathaus zurück.

Etwas gelangweilt zappe ich mich durch die spanischen Fernsehprogramme auf einem alten, flimmernden Gerät, schaue nochmals nach dem kleinen, schwarzen Hund, der im Vorgarten der Herberge angekettet zurückbleiben und sich mit einer umgekippten, blauen Plastiktonne als Schlafstätte für die Nacht zufrieden geben muss, bevor ich langsam mit den Vorbereitungen für meine erste „Solonacht" auf der Vía beginne. Schon sehr früh, so gegen zehn Uhr lege ich mich schlafen und genieße entspannt die mich umgebende Stille.

Plötzlich vernehme ich ein Geräusch an der Haustüre, so als ob sich jemand am Schloss zu schaffen mache, das ich zur Sicherheit gleich zweimal abgesperrt habe. Zunächst bleibe ich auf meinem Bett liegen und höre, wie es sich öffnet. Kurz darauf nehme ich zwei Stimmen wahr, die sich im Aufenthaltsraum munter abwechseln. Da ich vom Schlafraum aus keinen Blick auf die Personen habe, bin ich erleichtert, eine der beiden Stimmen der Hospitaliera zuordnen zu können. Aber was kann sie um diese Zeit noch wollen? Bestimmt ist es kein Pilger, der so spät noch unterwegs ist. Als ich kurz darauf das Wort „cerveza" aufschnappe und höre, wie ein Rucksack abgestellt wird, bin ich eines Besseren belehrt und mir wird klar, ich werde heute Nacht wohl oder übel Gesellschaft bekommen. Ich richte mich von meiner Schlafstätte auf, gehe hinaus in den Aufenthaltsraum und muss tatsächlich beobachten, wie ein ziemlich erschöpfter Pilger an einer Dose Bier nippt. Die Hospitaliera spricht mich sogleich auf Spanisch an und meint lächelnd: „Así, ahora tienes un compañero para mañana!" „So, jetzt hast Du einen Gefährten für morgen!" Kurz mit dem Kopf nickend, ziehe ich mich wieder auf mein Bett zurück. Verärgert über die späte Ruhestörung und über die Unvernunft solcher Pilger, die sich offenbar ihren Tagesplan nicht besser einteilen können, überlege ich, wie ich reagieren soll. Ich werde gewiss kein Wort mit ihm sprechen, nehme ich mir vor, denn von so einem unfähigen Zeitgenossen ist bestimmt nichts zu erwarten. Als ich mitbekomme, dass der Spanier auch noch nach Essen fragt, was ihm tatsächlich auch zu dieser späten Stunde noch serviert wird, würde ich am liebsten den Schlafraum absperren und ihn im Aufenthaltsraum nächtigen lassen.

Nach zirka zwanzig Minuten verschwindet die Hospitaliera, und ich nehme nur noch die Essgeräusche des Spaniers wahr. Daraufhin packt er seinen Rucksack aus und erledigt im angrenzenden Bad auch noch seine große Toilette. Selbstverständlich muss noch der Wanderschweiß abgespült werden, so dass ich kurz vor 23 Uhr von den Brausegeräuschen seines Duschbades nicht verschont bleibe. Eine Zeit lang überlege ich, ob ich einen Kommentar in das Gästebuch eintragen soll, stehe schließlich missmutig auf und schreibe mir, verärgert über die unerwartete Störung, den Frust von der Seele. Obwohl ich den ganzen Nachmittag über froh gewesen wäre über weitere einkehrende Pilger, denn die Gespräche mit anderen Menschen zählen für mich zu den wichtigsten und schönsten Erfahrungen, die man auf einer Pilgerreise machen kann, bewirkt nun die Ankunft dieses älteren Spaniers gerade das Gegenteil. Und wenn ich eines gelernt habe während meiner bisherigen Wandertage, dann dies, dass man genau das tun muss, was man im Augenblick für richtig hält. Selten hat man die Möglichkeit, so frei über die Dinge des täglichen Lebens zu entscheiden, wie während der Pilgerzeit. Und diese befreienden Zeilen müssen nun mal sein.

Dass es für die Herbergsbetreiberin geradezu Pflicht ist, auch verspätete Pilger aufzunehmen, und dass dieser selbst zu vorgerückter Stunde eine schützende Schlafstätte benötigt, ist mir ja vollkommen klar, doch meine Gefühle kann ich eben in diesem Moment nicht unterdrücken. Irgendwie beruhigen mich die wenigen Sätze zunächst und ich lege mich wieder nieder. Dabei merke ich, dass der Neuankömmling bei der Erledigung seiner Bedürfnisse nun wirklich bemüht ist, so leise wie möglich zu sein und so gut wie kein Licht benutzt, bis er in einem der Betten Platz gefunden hat.

Schließlich kommen doch leichte Zweifel auf, ob meine Zeilen wirklich nötig waren, und ich überlege, was der eigentliche Auslöser dafür war. Vielleicht war es nur die verwirkte Aussicht, sagen zu können, einmal ganz alleine in einer Herberge genächtigt zu haben. Aber was ich geschrieben habe, steht nun mal da, auch wenn ich jetzt etwas länger brauche, bis ich einschlafen kann.

Ay que dolor

Calzada de Béjar – San Pedro de Rozados

Was gestern nonverbal begonnen hat, setzt sich am heutigen Morgen fort. Der Spanier, der vor mir aufgestanden ist und sich im Aufenthaltsraum angezogen hat, wo er sein ganzes Hab und Gut am Vorabend liegen gelassen hatte, begrüßt mich wenig später mit einem freundlichen „Buenos Días". Etwas missgelaunt erwidere ich seinen Gruß. Kurz darauf erscheint der Herbergsbetreiber und fragt mich, ob ich ein Frühstück möchte. Doch ich verneine. Ich erledige meine Morgentoilette und packe meinen Rucksack. Als ich daraufhin den für den Spanier bereiteten Tisch sehe, entschließe ich mich kurzerhand doch für ein Frühstück. Ich setze mich zu ihm, und während sich die beiden Spanier in ihrer Landessprache aufgeweckt unterhalten, verzehre ich wortlos mein Mahl. Danach verlassen wir drei gleichzeitig die Herberge. Unter einem letzten Wortwechsel mit meinem Pilgerkollegen betritt der Hospitaliero nach gut fünfzig Metern sein Privathaus.

Mit einigem Abstand vor dem gestrigen Spätankömmling trotte ich aus dem etwas maroden Bergdorf. An der nächsten Wegekreuzung bleibe ich kurz stehen, um mich nach einem weiteren gelben Pfeil zu orientieren, wobei der Spanier zu mir aufschließt. „Do you speak English?", beginnt er die erste Konversation. Ich bejahe, und sogleich erkundigt er sich nach meinem Namen. Ich frage zurück und weiß nun, dass ich es mit einem gewissen Manuel aus Barcelona zu tun habe. Daraufhin beginnt er, völlig freimütig von sich zu erzählen, und ich erfahre, dass er im Juli 59 Jahre alt wird und dies bereits seine vierte Pilgertour ist. Ich möchte nun wissen, von wo er gestern Abend so spät hergekommen ist und bin überrascht über die zurückgelegte Distanz. Zwischen vierzig und fünfzig Kilometer täglich zu laufen sei ganz normal für ihn, antwortet er mir. Insofern kann ich ihn wenig beeindrucken mit meinem 42-Kilometer-Rekord vor wenigen Tagen. Im Verlauf der immer lebhafter werdenden Unterhaltung sprechen wir über Fußball, die jeweiligen Pilgererfahrungen und auch über erste private Themen wie Familie. Und ganz allmählich spüre ich, dass dieser gesprächige Spanier für mich tatsächlich eine willkommene Abwechslung für den heutigen Pilgertag werden könnte. Vorbei ist die Zeit, als jeder für sich und in bewusst gewähltem Abstand zu dem anderen daher trottete. Seite an Seite beginnen wir, uns gegenseitig zu schätzen, und aus der Verärgerung über seine gestrige, ungebührlich späte Ankunft wird fast so was wie Dankbarkeit für seine Gesellschaft. Dann beginnt er ein Lied nach dem anderen in die Landschaft zu trällern, und ich bin überrascht, wie textsicher er sich bei seinem gar nicht mal so übel klingenden Gesang zeigt. Bei der einen oder anderen mir bekannten Melodie beginne ich bruchstückhaft mitzusingen oder beschränke mich gelegentlich auf ein Mitpfeifen. Als dann alle Barrieren zwischen uns beseitigt sind, werden wir noch unbeschwerter und fröhlicher, machen aus dem Song „We will rock you" schließlich „Vía de la Plata" und rocken mit lauter Stimme vor uns hin. Zwischendurch werde ich neugierig und frage Manuel, welches Tagesziel er sich nach seinem gestrigen Wandermarathon für heute vorgenommen habe. Seiner Antwort entnehme ich, dass er auch heute nicht klein beigeben will. So knapp fünfzig Kilometer rechne ich seine geplante Laufleistung hoch und lasse für mich erst mal offen, ob ich das mitmachen will.

Zu Etappenbeginn führt uns die Vía durch eine sehr offene und grüne Landschaft. Auf Feldwegen geht es durch weitläufige Dehesas, später entlang auf einer schmalen Landstraße. Meist steigt das Gelände leicht an, aber anstrengende Passagen sind nicht zu bewältigen. Erstaunlicherweise sind um diese Jahreszeit an den Bergkämmen des spanischen Zentralmassivs noch vereinzelte Schneefelder zu erkennen, und ich vermute, dass es hier bitterkalte Winter geben muss. Auffallend ist auch die dünne Besiedlung dieses Landstrichs, nur durch zwei Dörfchen werden wir am Vormittag geleitet. Mehr oder weniger am Straßenrand in einer der beiden Ortschaften lassen wir uns zu einer kleineren Rast nieder. Eine alte Frau, die soeben des Weges kommt, wird von Manuel mit einem selbstverständlichen „Buenos Días“ begrüßt und gleich darauf in ein Gespräch verwickelt. Freilich geht es nur um Belanglosigkeiten, doch die offene und gerade Art meines neuen Wandergefährten wird sichtlich geschätzt. Als ich ein paar Kilometer weiter einen alten Mann in einem Feld nur wenige Meter von der Straße entfernt sehe, wie er mit seiner Harke in mühevoller Kleinstarbeit die einzelnen Pflanzen bearbeitet, ist es erneut Manuel, der zuerst grüßt, um dann sofort ein Gespräch anzuknüpfen. Und man redet gerne mit diesem unterhaltsamen Menschen. Mit seiner Unbefangenheit gelingt es ihm, Leute für sich zu gewinnen, jedoch nicht mit Überzeugungskraft oder mit langen Einreden – nein – seine unaffektierte, natürliche Art ist es, die ihn so sympathisch erscheinen lässt. Und mich hat er ja auch schon um 180 Grad gedreht. Schon lange habe ich auf meiner Vía auf so einen Menschen gewartet, schon zu Beginn meiner Route hätte ich mir solche Gesellschaft gewünscht - und beinahe hätte ich ihn abgelehnt.

Als wir nach gut vier Stunden mit Fuenterroble de Salvatierra unser erstes, größeres Zwischenziel erreichen, sind wir bereits ein eingespieltes Team. In einer Bar bestellen wir uns ein kühles Bier und ein leckeres Schinkenbocadillo und sorgen nebenbei für etwas Durchlüftung an unseren Fußsohlen, die noch einige Kilometer bewältigen müssen. Schon längst habe ich mich innerlich für einen neuen Wanderrekord entschieden, den ich zusammen mit Manuel als realisierbar einschätze. Unterdessen erzählt mir der lauffreudige Spanier, dass er leitender kaufmännischer Angestellter und für die Öffentlichkeitsarbeit eines Radio- und Fernsehsenders verantwortlich sei. Ganz sicher passt seine weltoffene Einstellung hervorragend zu seinem Beruf.

Beim Verlassen der Bar, gegen Mittag, werden wir direkt von der ansässigen, aus Holland stammenden Hospitaliera angesprochen, ob wir nicht in ihrer Herberge, in der sie sogar eine Gratissuppe für uns hätte, bleiben wollen. Ihrer Meinung nach seien die anstehenden 28 Kilometer bis zur nächsten Pilgerherberge ohne Einkehrmöglichkeit etwas riskant. Doch für uns gibt es kein Zögern und zuversichtlich verlassen wir das Dorf.

Trotz der beträchtlichen Strecke, die noch vor uns liegt, haben wir es nicht besonders eilig. Im Gegenteil, wir beginnen Scherze zu machen, drehen dabei mit unseren Kameras kleine Videospots und versetzen uns in eine Welt, in der es vermeintlich nichts anderes gibt als Lebensfreude, Unbeschwertheit und grenzenlosen Übermut. Unter anderem filme ich Manuel, wie er gleichsam als singender Robinson Crusoe herrisch durch die Lande streift, als ob das seine Insel wäre, auf der wir gerade dahin schreiten. Dazu drückt er seine weiße Kappe tief ins Gesicht, fast bis an den Rand der dunklen Sonnenbrille und verhüllt einen Großteil seines Gesichts mit einem weißen Tuch. Fehlt nur noch der selbstgebastelte Sonnenschirm, und das Double wäre perfekt.

Passend dazu hat sich auch das Landschaftsbild geändert. Vor uns erstreckt sich eine unendlich weite, offene Ebene, die erst mit den fernen Hügelketten der Sierra de la Dueña ihre Begrenzung findet. Durch die ausgetrocknete und im Vergleich zur ersten Etappenhälfte viel spärlichere Vegetation werden wir in die schwül heiße Atmosphäre der Italo-Western versetzt. Die extrem trockene Erde unter unseren Füßen, die bei jedem Schritt eine kleine Staubwolke aufwirbeln lässt, verstärkt diese Vision. Seit Wochen hat kein Tropfen Wasser mehr den Boden benetzt.

Wir malen uns aus, dass dieser Etappenabschnitt geradezu prädestiniert wäre, um aus ihm eine Art Survival-Parcours für hochdotierte Supermanager zu gestalten. Die großen Bosse müssten ohne Wasser durch die Gegend ziehen, den Staub der Piste atmen und solange auf allen Vieren robben, bis sie trotz donnernder Anfeuerungsrufe keinen Millimeter mehr vorwärts kämen. Sie wären ganz auf sich gestellt, und auch ihr vieles Geld könnte sie hierbei nicht retten. Erst abends würden wir uns gnädig erweisen und sie jeweils um 1000 Euro pro Flasche Bier erleichtern. Mit diesem Erlebnis würden sie mental gestärkt an ihren Chefsessel zurückkehren und selbstverständlich mit stolzer Brust von ihrer Extremtour berichten.

Als wir dann auf unseren zwischen den Beinen eingeklemmten Wanderstöcken auch noch zu reiten beginnen und dabei den Bonanza-Song hinausposaunen, sind wir völlig abgetaucht in eine Welt, wie sie eigentlich nur von fröhlichen und unbeschwerten Kindern erlebt werden kann.

Staubtrockene Steppenlandschaft

Plötzlich erinnere ich mich an die Packung Minischokocroissants, die ich mir bei unserem mittäglichen Stopp in Fuenterroble noch besorgt habe, und die jetzt zur Stärkung genau richtig wäre. Leider muss ich feststellen, dass die ganze Schokolade bereits zerlaufen, die Plastikpackung völlig verschmiert ist, und die in der gleichen Tüte gelagerte Getränkedose ebenfalls deutliche Spuren der braunen Masse aufweist. Trotzdem biete ich eines dieser Stücke meinem Wanderfreund an, der sich vorsichtig eines der acht gänzlich zusammengeklebten Teile herausfischt. Mit gleicher Sorgfalt versuche ich, ein weiteres für mich zu separieren, ohne mir die ganze Hand zu beschmutzen. Da ich den Rest in dieser Form nicht mehr länger mitschleppen will, habe ich die Idee, die süßen Stücke einfach über die großen Öffnungen der hier zahlreich vorhandenen, unterirdischen Ameisennester zu legen. Für die kleinen Tiere, von denen man während der langen Pilgerreise Tausende zertritt, ist dieses

Festmahl ein nur allzu gerechter Ausgleich. Für meine letzten sechs schokoverschmierten Croissants suche ich mir dazu besonders große Löcher aus, wobei ich es mir nicht verkneifen kann, hin und wieder selbst nochmals abzubeißen.

Da wir während unserer Albereien jegliches Zeitgefühl verloren haben und Manuel langsam anfängt, über Blasenschmerzen zu klagen, wird mir plötzlich klar, dass wir heute erst sehr spät in der Herberge ankommen werden. Immer wieder findet er eine schattige Baumgruppe, unter der er seine Schuhe auszieht, die Socken wechselt und für Durchlüftung seiner geschundenen Füße sorgt. Sicher hat er sie in den letzten Tagen überstrapaziert und bekommt jetzt allmählich die Quittung dafür. Ich muss ihn regelrecht auffordern, nicht allzu lange zu verweilen und wieder weiter zu gehen. Natürlich haben auch meine Fußsohlen schon begonnen, gegen die bereits zurückgelegte Distanz zu rebellieren, doch das Thema Blasen ist nach vierzehn Wandertagen weitestgehend abgehakt. Manuel ist erst in Mérida gestartet und will bis Zamora pilgern, was ziemlich genau dem mittleren Drittel der gesamten Vía de la Plata entspricht. Die beiden anderen Abschnitte hatte er bereits in den Jahren zuvor begangen. Und es gibt ein weiteres Indiz, an dem ich erkenne, dass mein Freund sich immer mehr quält. Sein Gesang ist viel weniger kraftvoll als noch zu Beginn der Etappe, und die Texte werden einfacher. „Ay que dolor, ay que dolor, ay que dolor“, „Welch Schmerz, welch Schmerz, welch Schmerz“, ist inzwischen seine Lieblingsmelodie, die er immer häufiger gen Himmel trällert.

Über etliche Kilometer zieht der Weg durch flaches Gelände, bevor wir die Bergkette erreichen. Jetzt steht ein Anstieg über knapp 250 Höhenmeter bevor, an dessen Ende uns ein Highlight erwartet. Das auf 1150 Meter Meereshöhe gelegene Cruz de Santiago, ein auf einem langen Mast montiertes eisernes Kreuz, ist unser nächstes Ziel. Laut Reiseführer müssen wir zuerst an drei Holzkreuzen vorbei, ehe wir am Gipfel ankommen. Endlos, steinig und steil zieht sich der Pfad den Berghang hinauf. Beim sechsten oder siebten hölzernen Kreuz höre ich zu zählen auf, da mir klar wird, dass es sich bei diesem Anstieg um einen Kreuzweg handelt, der bekanntlich aus vierzehn besteht. Manuel, der mittlerweile in größerem Abstand hinter mir her trottet, hat mit immer heftigeren Schmerzen an den Füßen zu kämpfen, was er mit seiner neuen Lieblingsmelodie vernehmlich zum Ausdruck bringt. „Ay que dolor, ay que dolor, ay que dolor!“, wiederholt er fortwährend auf seinem ganz persönlichen Leidensweg. Nach einer weiteren Rast erreichen wir gegen 17.30 Uhr das Gipfelkreuz. Kurzzeitig sind die Schmerzen vergessen, der blaue, von leichten Wolken durchzogene Himmel, der fantastische Ausblick und die Freude, dass wir es gemeinsam hierher geschafft haben, tragen ihr Übriges dazu bei.

Eines der vielen Kreuze auf dem Weg zum Gipfel

Doch noch sind ein steiler Abstieg und weitere gut zehn Kilometer bis zum Etappenziel zu bewältigen. Auf felsigem Untergrund und gesäumt von unzähligen Schopflavendelbüschen, die ihren zarten Duft verströmen, mühen wir uns den Hang herab. Über etliche Kilometer geht es danach auf dem Seitenstreifen einer kleinen Landstraße entlang, teilweise auch etwas versetzt dazu auf einem Pfad. Mittlerweile heißt es ausnahmslos, gegen den inneren Schweinehund zu kämpfen. Auch meine Fußsohlen brennen nunmehr, als würde ich über ein aufgeheiztes Ceranfeld laufen. Jetzt bewahrheitet sich das alte Pilgersprichwort:

„Pilgern ist Beten mit den Füßen!“ Zwischendurch liegen wir beide völlig erschöpft, alle Gliedmaßen von uns gestreckt, am Rande der Straße. Schließlich fasse ich Manuel an den Händen und ziehe ihn hoch. Immer öfter warte ich jetzt auf meinen spanischen Freund und ermutige ihn, den Weg ohne längere Unterbrechungen fortzusetzen. Als er irgendwann feststellt, dass er bei einer vorherigen Rast seine Sonnenbrille hat liegen lassen, besitzt er nicht mehr die Kraft umzukehren. Mit der Bemerkung, dass es sich um ein nicht besonders teures Modell gehandelt habe, unterbindet er jeglichen Versuch, kehrtzumachen. Und kurze Zeit darauf sitzt er schon wieder auf dem Erdboden. Zwei so lange Etappen hintereinander sind doch ein bisschen zu viel.

Irgendwann zweigt ein schmaler Weg von der Straße ab, führt auf eine kleine Anhöhe, und gegen 20.30 Uhr haben wir den ersten Blick auf unseren Zielort. Eine Viertelstunde später ziehen wir durch die verwinkelten Gassen von San Pedro de Rozados – und 50 Pilgerkilometer liegen hinter uns. Unter dem mir wohlvertrauten Schlachtruf eines liebenswert, verrückten Spaniers betreten zwei total erschöpfte Pilger die nächstbeste Bar. Die ortansässigen Kneipengänger, die am Tresen stehen und in unsere schmerzverzerrten Gesichter blicken, schütteln nur den Kopf, als wir ihnen schildern, von wo aus wir heute früh gestartet sind.

Nachdem wir sehr gastfreundlich in der Herberge aufgenommen wurden und uns den Schweiß des Tages abgeduscht haben, gibt es für uns nur noch einen Wunsch – ein gebührendes Pilgermenü. Vollkommen ausgehungert betreten wir die kleine Ortskneipe und bekommen leider zu Ohren, dass es nur ein paar einfache Tapas gibt. So erfahren wir aufs Neue, dass Genügsamkeit eine Tugend ist, die viel mit dem Pilgern zu tun hat. Dann geht ein langer, strapaziöser und überaus beglückender Tag mit einem neu gewonnen Freund zu Ende.

Manuel auf dem Boden der Tatsachen!

Nicht nur aus Solidarität liege ich danieder!

Nicht jeder erreicht sein Ziel

San Pedro de Rozados – Salamanca

Selbstverständlich versäumte ich es gestern Abend nicht, mir das Gästebuch zur Hand zu nehmen, um wieder einen Eintrag zu verfassen. Genau wie tags zuvor, während Manuel unter der Dusche war, habe ich mir meine Gefühle von der Seele geschrieben. Doch waren es nur positive Eintragungen, in denen ich meine Dankbarkeit zum Ausdruck gebracht habe. Ich bin froh, so einem Menschen begegnet zu sein. Und selbstverständlich erzählte ich meinem Pilgerfreund von beiden Einträgen.

Im Grunde habe ich nach der gestrigen Mammut-Tour nichts anderes erwartet. Als ich kurz vor halbsieben aus meinem Etagenbett krabble, weiß ich sofort, dass die vergangenen Stunden nicht ausreichten, um meinen müden Knochen genügend Erholung zu bieten. Am besten sollte die Nacht gleich nochmals beginnen, denke ich mir und begebe mich mit steifen Beinen zur Dusche. Unter Geschmeidigkeit stellt man sich etwas anderes vor. Doch für heute stehen zum Glück nur 22 Kilometer auf dem Programm, und die Vorfreude auf Salamanca belebt meine Sinne. Die dortige Herberge müssen wir vor 13 Uhr erreichen, denn von 13 – 16 Uhr ist sie laut Pilgerbibel geschlossen, und vor der geplanten Stadtbesichtigung wollen wir unsere Rucksäcke dort deponieren.

Alles dauert heute viel länger, das Erledigen der Morgentoilette, das Anziehen, das Schnüren der Schuhe, das Zusammenpacken unserer Habseligkeiten, alles scheint in Zeitlupe abzulaufen. Ohne Frühstück machen wir uns schließlich auf den Weg und erreichen kurz nach acht Uhr das einzige Dorf auf unserer Etappe. Jetzt muss unbedingt gefrühstückt werden, doch die örtliche Bar ist geschlossen. Auf einer Bank in Sichtweite zur Gaststätte nehmen wir Platz und warten erst mal ab. Nach knapp zehn Minuten kommt tatsächlich jemand zum Öffnen, unser Warten hat sich offenbar gelohnt. Als wir die Bar betreten wollen, stellt sich heraus, dass es nur die Putzfrau ist, die für Sauberkeit sorgen will. Wir machen ihr trotzdem klar, dass wir gerne ein Frühstück hätten und sind überrascht, als sie in ihre Schürzentasche greift und ein Handy herausholt. Sie wählt eine Nummer, spricht zwei, drei Sätze und teilt uns dann mit, dass die Chefin in fünf Minuten erscheinen wird. Wir nehmen zwischenzeitlich drinnen Platz und schon kurz darauf können wir bestellen. Der Kaffee ist wirklich nötig heute Morgen, auch wenn lediglich einige trockene Kekse dazu serviert werden. Nach dieser Pause erinnere ich Manuel, dass wir jetzt etwas Gas geben müssen, um vor Schließung der Herberge in Salamanca anzukommen. Der Spanier gibt mir zu verstehen, dass er wirklich alles Erdenkliche versuchen werde, doch sogleich dröhnt aus seinem Mund ein Schrei, mit dem er mehr als deutlich zum Ausdruck bringt, wie schmerzgeplagt er noch immer ist. Mit einigen Gesangseinlagen versucht er, sich abzulenken und seine quälenden Blasen so gut es geht zu verdrängen. Und da auch er gerne rechtzeitig in Salamanca ankommen will, kämpft er mit allen Sinnen. Vorbei an abgeernteten Getreidefeldern werden wir auf gut begehbaren Feldwegen durch die Landschaft geleitet. Am Wegesrand sorgen die in einem kräftigen Rot leuchtenden Mohnblumen für herrliche Farbtupfer in der ansonsten gelbbraunen Umgebung.

Als uns drei „walkende“ Frauen mit ihren Wanderstöcken entgegen marschieren, lässt sich Manuel die Gelegenheit nicht nehmen, sie in einen längeren Plausch zu verwickeln, in dem seine Schmerzen das zentrale Thema sind. Und dabei verstreicht wertvolle Zeit. Dann dauert es nicht mehr lange, und mein Freund ist von der nächsten Rast nicht mehr abzubringen. An einem kleinen Gebäude vor einer Wegkreuzung lässt er sich nieder, zieht Schuhe und Socken aus und legt sich flach auf den Rücken. Fast eine Viertelstunde lasse ich ihn ausruhen, bevor ich ihn zum Weitermarsch bitte. Mittlerweile ist es mir fast gleichgültig, ob wir vor 13 Uhr in der Herberge ankommen, denn eine ausgedehnte Stadtbesichtigung scheint ohnehin nicht möglich.

Eine halbe Stunde später nach einem längeren Anstieg haben wir erstmals freie Sicht auf Salamanca. Noch einmal ziehe ich das Tempo an und in einem Abstand von zwanzig bis dreißig Metern läuft Manuel hinter mir. Und da die Distanz zwischen uns nicht größer wird, weiß ich, dass er jetzt wirklich kämpft. Das angestrebte Ziel vor Augen mobilisiert er seine letzten Reserven. Als wir die Stadtgrenze erreichen, verbleibt uns noch eine halbe Stunde, und nochmals versuche ich zu beschleunigen. Ich warte auf ihn, erkläre kurz, dass wir es doch rechtzeitig schaffen können und übernehme wieder die Führung. Als uns schließlich die gelben Pfeile auf der antiken Römerbrücke über den Río Tormes weisen - mit einem beeindruckenden Blick auf die mächtige Kathedrale im Hintergrund - verbleiben uns noch wenige Minuten. In den Boden eingelassene Jakobsmuscheln aus Bronze leiten uns nach rechts bergauf zur Altstadt, und genau eine Minute vor 13 Uhr kommen wir in der Herberge an. Mit einem anerkennenden Schulterklopfen gratuliere ich dem Spanier zu seinem Kampfgeist. Es ist gerade noch Zeit, um unsere Rucksäcke abzustellen, bevor wir vom eifrigen Hospitaliero schon wieder nach draußen gebeten werden.

Die Kathedrale von Salamanca

Befreit von der Last unserer Rucksäcke steuern wir sogleich eine Bar an. Als Manuel seine Socken auszieht und mir seine wunden Füße zeigt, erkenne ich sehr anschaulich den Grund für seine Pein. Wenig später lassen wir uns vom weltoffenen Flair der Großstadt anstecken, und nach einem ersten Bummel durch die historische Altstadt Salamancas suchen wir ein Restaurant auf, das uns mittels Flugzettelwerbung empfohlen wurde. Endlich bekommen wir nach der gestrigen Riesenetappe etwas Herzhaftes in unsere Mägen.

Völlig unerwartet treffe ich auf die Norwegerin Eva, der ich zuletzt vor zehn Tagen in Monesterio begegnet bin. Etwas verlassen sitzt sie inmitten der Flaniermeile am Rande eines Blumentrogs und springt sofort auf, als sie mich entdeckt. Nach einer kurzen Umarmung berichtet sie mir, dass sie inzwischen alleine unterwegs sei, da sie das Tempo ihres holländischen Begleiters Joseph nicht mithalten wollte und es zwischen ihnen zu Meinungsverschiedenheiten gekommen sei. So habe sie sich entschieden nach Salamanca zu fahren, die Vía abzubrechen und bald nach Hause zu reisen. Jetzt hat sich meine Vorahnung offenbar bestätigt, dass die Erwartungen der beiden Weggefährten zu verschieden waren, um eine solche Strecke Seite an Seite bestreiten zu können.

Von Eva erhalte ich noch eine Information, die mir sehr leid tut, jedoch nicht allzu überraschend ist. Honorio, mein erster Vía-Freund musste seine Pilgerreise abbrechen. Die große Hitze der Extremadura hat dem schattenliebenden Madrilenen anscheinend stärker zugesetzt als gedacht. Er bekam Herzprobleme und beendete die Tour. Doch wolle er im nächsten Jahr einen weiteren Versuch starten, allerdings einige Wochen früher bei gemäßigteren Temperaturen. Ein paar gute Wünsche und ich ziehe mit Manuel weiter.

Bevor die Herberge wieder öffnet, wollen wir noch schnell zum Busbahnhof, um die Verbindungen nach Zamora zu erkunden. Manuel, der aufgrund seiner enormen Blasen an seinem letzten Vía-Tag nicht mehr wandern möchte, besitzt für übermorgen ein Busticket von Zamora nach Madrid, von wo aus er seinen Heimflug nach Barcelona antreten wird. Und für mich stellt die Busfahrt ins sechzig Kilometer entfernte Zamora eine weitere Einsparung von zwei Tagesetappen dar, um rechtzeitig zu meinem Rückflugtermin in Santiago anzukommen. Die restlichen vierhundert Kilometer will ich komplett zu Fuß bestreiten. Und so verbleibt uns ein weiterer Tag, den wir zusammen verbringen können.

Am Busbahnhof läuft mir tatsächlich nochmals Rafael über den Weg und bettelt mich um einen Euro an. Ich erfülle ihm seinen Wunsch und bin froh, als er mir mitteilt, dass er heute Richtung León aufbrechen wird und mir somit nicht mehr begegnen kann. Mein Bedürfnis, diesen komischen Kauz noch einmal zu treffen, ist denkbar gering. Als ich Manuel anschließend die Geschichte von dem „armen Pilger" erzähle, schüttelt er den Kopf und meint, dass solche Leute dem Ruf der Pilger nur schaden würden.

Nachdem wir uns informiert haben, dass nach Zamora fast jede Stunde ein Bus fährt, lassen wir offen, wann wir morgen starten wollen. Anschließend machen wir uns auf den Weg zur Herberge, um zu duschen und uns auf das abendliche Salamanca vorzubereiten.

Spontan entschließen wir uns zu einer kurzweiligen Besichtigung der Alten und der Neuen Kathedrale, denn es gibt nur wenige Städte, die zwei Kathedralen besitzen. Die Alte wurde im 12. Jahrhundert im romanischen Stil erbaut, die Neue, deren Errichtung im 16. Jahrhundert begann, im spätgotischen Stil und zwar, ohne das alte Bauwerk abzureißen. Sie befinden sich nebeneinander und sind miteinander verbunden. Von deren Dächern aus genießt man einen wunderschönen Blick über Salamanca, die zugleich Spaniens älteste Universitätsstadt ist. Allerorten spürt man zwischen den historischen Bauten das pulsierende Leben dieser – nicht nur bei Studenten sehr beliebten – modernen Metropole. Und auch heute bleibt es nicht aus, dass ich mit meinem kommunikationsfreudigen Pilgerkameraden ein paar besondere und spaßige Erlebnisse habe. Im großen Innenhof eines der zur Besichtigung freigegebenen, prächtigen Gebäude ist eine Bühne aufgebaut, auf der unter anderem ein Schreibtisch steht. Abwechselnd nehmen wir beide dort oben Platz und sprechen auf Englisch irgendwelche, frei erfundene Texte in Richtung Besucher. Mit viel Humor und einmal sogar mit Applaus werden wir dabei von den Touristen gemustert. Zum Abschluss des Tages gönnen wir uns ein weiteres Menü, denn Nachholbedarf haben wir reichlich.

Pünktlich um 22 Uhr wird die Herberge verschlossen. Allzu gerne hätte ich das Nachtleben der Großstadt noch erkundet und vor allem die imposanten Bauten unter Nachtbeleuchtung bestaunt. Doch ein viel zu akkurater Hospitaliero verriegelt seine Arbeitsstätte pünktlich auf die Minute – nach dem Motto: Ordnung muss sein! Ein bisschen mehr Großzügigkeit, vor allem in so einer Stadt, wäre schon angebracht. Etliche Pilger, die nicht schlafen können, schwirren im Aufenthaltsraum umher und kritisieren den peniblen Herbergsleiter. Schließlich entdecke ich eine nicht verriegelte Tür, die in einen angrenzenden, kleinen Park führt. Ich schleiche mich hinaus, laufe die schmale Straße in Richtung Kathedrale hinauf und kann so ein paar Fotos von dem lichtbestrahlten Sakralbau schießen. Wieder in der Herberge dauert es ziemlich lange bis Nachtruhe einkehrt.

Dünn und dünner

Aus Sicht der Armen

Salamanca – Zamora

Unter Einhaltung der Regeln des Hospitalieros, nämlich dass alle Zimmer sauber hinterlassen werden, in der Herberge nicht mit Wanderschuhen gelaufen wird und diese auch wirklich bis um acht Uhr geräumt ist, verlassen die Pilger nach und nach die städtische Einrichtung. Als eine der letzten schnallen Manuel und ich die Rucksäcke an und begeben uns in Richtung Busbahnhof. So dachte ich zumindest, bis mir mein Freund eröffnet, unbedingt im Krankenhaus vorbeischauen zu wollen, um sich seine Blasen behandeln zu lassen. Erst versuche ich, ihm sein Vorhaben auszureden, da er ohnehin schon morgen nach Hause kommt, doch er lässt sich nicht abbringen. Dem Stadtplan entnehme ich, dass sich das Krankenhaus direkt auf dem Weg zum Busbahnhof befindet, und so will ich im Stationscafé warten, bis Manuels Wunden versorgt sind. Erst mit einem Kaffee und süßem Gebäck, dann mit einem kleinen Bier und zwei kleinen Tellern, eines mit gebackenem Tintenfisch und ein weiteres mit einem Fleischspieß, vertreibe ich mir die Wartezeit. Nebenbei mache ich einige Einträge ins Tagebuch bis Manuel endlich auftaucht. Zwei seiner Zehen sind dick eingebunden, wie er mir teils stolz, teils wehmütig präsentiert. Dann besorgen wir uns die Tickets für die gut halbstündige Busfahrt.

Gerade noch rechtzeitig springen wir in den abfahrtbereiten Bus. Nach zehn Minuten Fahrzeit nicke ich für eine Weile ein, erst kurz vor Zamora öffne ich die Augen. Manuel neben mir ist es genauso ergangen. Bis an die Stadtgrenze lasse ich ihn dösen, dann wecke ich ihn mit einem leichten Schubser. Wie einfach es doch ist, sechzig Kilometer voranzukommen, ohne dass die Füße schmerzen und der Schweiß auf der Stirn steht. Doch viel zu schnell endet die gemütliche Busfahrt, und wir schnallen uns die Rucksäcke wieder auf den Rücken. Manuel erkundigt sich nach dem Weg ins Stadtzentrum, und obwohl dieses nur eineinhalb Kilometer entfernt ist, will er unbedingt dorthin fahren. Da ich ihn auch dieses Mal nicht umstimmen kann, sitzen wir zehn Minuten später im Stadtbus. Wie üblich dauert es nicht lange, und Manuel ist in eine Konversation verwickelt. Ganz aufgeweckt unterhält er sich mit einer älteren, gepflegten Dame, die offenbar in Zamora wohnt. Da ich auf der anderen Seite sitze, bekomme ich von dem Gespräch nichts mit. Gemeinsam steigt die Frau mit uns aus und weist uns noch den ungefähren Weg.

Kurz darauf kommen wir an einem Gemüsemarkt vorbei. Obwohl ich eigentlich schon gut versorgt bin, ziehen mich die frischen Karotten, die sonnengereiften Tomaten und die anderen appetitlichen Gemüsesorten magisch an. Als ich auf einen auserwählten Stand zusteuere, nimmt mich Manuel am Arm und meint, dass ich jetzt nichts kaufen soll, da wir bald etwas kostenlos zu essen bekämen. Erstaunt frage ich nach, was er damit meine und werde vertröstet, dass ich ihm vertrauen soll. Er verrät mir nur so viel, dass wir uns einen Zettel beschaffen müssten, mit dem wir dann gratis zum Essen gehen könnten. Was führt er jetzt bloß wieder im Schilde, denke ich, immer werde ich aufs Neue überrascht von diesem Spanier.

Etwas in Eile beginnt Manuel, sich bei etlichen Passanten nach einer Art Behörde zu erkundigen, die wir anscheinend ansteuern müssen, um uns den ominösen Zettel zu besorgen. Fast eine Viertelstunde vergeht, bis wir endlich das gesuchte Gebäude betreten. Irgendwie fühle ich mich nicht ganz wohl bei dieser Aktion. Noch einen schmalen Gang entlang, und an eine halb geöffnete Tür klopfend betrete ich im Schlepptau von Manuel ein kleines Büro. Einer etwas blasswangigen Frau, die hinter ihrem Schreibtisch beinahe zu versinken droht, erklärt mein Freund in einigen Sätzen nun sein Anliegen. Dabei wirkt der sonst so selbstsichere und lebensfrohe Spanier auf gewisse Weise demütig, ja fast hilfsbedürftig. Wie ausgewechselt erscheint er mir. Ich entnehme dem Gespräch, dass er erläutert, dass wir Pilger sind und diesen dubiosen Zettel haben möchten. Nach einem kurzen Wortwechsel fordert die Frau meinen Freund auf, seine Identitätskarte vorzulegen. Während sie nahezu alle Daten seines Ausweises auf einen Vordruck schreibt, sehe ich mich im Raum genauer um. Mein erster Blick fällt auf ein Plakat an der Wand, auf dem in großen Buchstaben das spanische Wort „POBRE" steht, also arm. Jetzt wird mir einiges klar. Sofort schießt mir Rafaels Betteltour in den Kopf, die ich so verachtet habe, und nun bringt mich dieser, im schelmischen Sinne verrückte Spanier in diese ungewöhnliche Situation. Dabei genießt er es sichtlich, sein ohne Zweifel vorhandenes Schauspieltalent auf die Probe zu stellen. Ihm ist nichts zu peinlich, er sucht förmlich nach besonderen Aufgaben, die ihn auf unterschiedliche Weise fordern. Jetzt werde ich gebeten, meinen Ausweis vorzulegen, setze unbewusst eine etwas Mitleid erregende Miene auf und überreiche meine Personalkarte. Wieder überträgt die Angestellte die Daten auf den Block, in den sie zuvor ein Pauspapier gelegt hat. Nach zwei Minuten erhalte auch ich meinen Zettel, und höflich dankend verlassen wir das Büro.

Draußen kann ich mir ein Lachen nicht verkneifen und deute Manuel an, ob er vielleicht ein bisschen verrückt sei. Doch dieser hat schon wieder ganz andere Sorgen und fragt gleich den nächstbesten Passanten nach dem Ort, an dem wir unsere Gutscheine in etwas Essbares umtauschen könnten. Manuel erklärt mir eiligen Schrittes, dass wir mit dem ausgestellten Papier drei Tage umsonst bei der Caritas zu essen bekämen und zwar jeweils ein Mittag- und Abendessen. Wir müssten uns jedoch beeilen, da die Ausgabe an bestimmte Zeiten gebunden sei. Nach mehrmaligem Nachfragen erreichen wir die gesuchte Adresse und betreten das Gebäude.

Im Hauseingang steht ein in Uniform gekleideter, ziemlich steif wirkender Spanier und fordert uns auf, ihm unsere Zettel zu überreichen. Unmissverständlich weist er uns in einen Raum, in dem sich vier Tischgruppen befinden, ein Fernseher läuft und gerade ein einzelner Mann an einem trockenen Brot knabbert. Von einer kräftigen, wie eine Krankenschwester ganz in weiß gekleideten Spanierin werden wir aufgefordert, am Tisch des

Mannes Platz zu nehmen. In Windeseile werden uns Teller, Besteck und Gläser bereit gestellt, dazu ein in Folie verpacktes Brot. Eine Minute später kommt die hurtige Frau mit einer riesigen Schüssel und füllt Manuel und mir einen großen Berg Nudelsalat in die Teller. Dem bei uns sitzenden Gesellen nimmt sie den bereits geleerten Teller weg, stellt einen frischen bereit und serviert ihm zwei Minuten später sein Hauptgericht. Drei Stücke Fleisch mit Bratkartoffeln, dazu eine Scheibe Tomate. Manuel schenkt währenddessen Wasser ein und setzt dabei wieder seinen Mitleidsblick auf. Nicht übel denke ich, wenn das so gut schmeckt wie es aussieht, dann ergeht es einem bei der Caritas gar nicht mal so schlecht. Und in der Tat, der Nudelsalat schmeckt vorzüglich. Die noch leicht warme Speise ist verfeinert mit gestückelten Oliven, Thunfisch, gekochten Eiern, Tomatenstreifen und weiteren köstlichen Zutaten. Könnte im Restaurant kaum besser zubereitet werden. Und auch die Menge ist beträchtlich. Die gut genährte Bedienung muss beinah ermahnt werden, nicht noch einen größeren Berg auf den Teller zu häufen. Kaum dass wir unseren ersten Gang in Rekordzeit verschlungen haben, werden die Teller gewechselt und weiter geht's mit der schon bekannten zweiten Portion. Manuel beginnt natürlich auch mit unserem Tischnachbarn ein munteres Gespräch, wobei er sich mit der Mahlzeit beeilen muss, denn Geschwindigkeit scheint bei der Armenspeisung oberstes Gebot zu sein. Dann noch drei schnelle Teller mit Kirschen als Nachspeise, und schon werden wir mehr oder weniger nach draußen beordert. Aus dem Raum gegenüber strömen bestimmt fünfzehn weitere Gäste dem Ausgang entgegen, alle ab 70 Jahre. Offensichtlich werden die Altersarmen von den übrigen „Bedürftigen" getrennt, und vielleicht wird ihnen auch etwas mehr Zeit zum Essen gewährt.

Mit übervollem Bauch machen wir uns auf zur Plaza Mayor, dem Hauptplatz der 65.000 Einwohner zählenden Stadt, um unser Mahl mit einem Kaffee und einem kühlen Bier abzuschließen, was uns bei der Caritas nicht gereicht wurde. Abends um 18.45 Uhr gibt es das nächste kostenlose Essen, und Manuel mahnt, dass wir pünktlich erscheinen müssen. Da die Herberge erst um halb fünf öffnet, und ein Verdauungsspaziergang nach so vielem Essen bestimmt nicht schadet, beschließen wir eine Stadtbesichtigung, selbstverständlich in angemessener Schrittgeschwindigkeit, um meinen armen Freund nicht übermäßig zu strapazieren. Nach einem Duschbad in der Herberge und ein paar Minuten des Ausruhens auf der Matratze, ist es dann schon wieder Zeit. Ohne den geringsten Appetit machen wir uns erneut auf den Weg. Vor Betreten des Gebäudes schaltet Manuel allerdings sein Handy aus, denn von zuhause erwarte er noch einen Anruf, der während der Mahlzeit eine unangenehme Störung sein könnte. Dann nimmt er eine leicht gebückte Haltung ein, und mit seinen am Boden schlappenden Sandalen erweckt er einen richtig bedauernswerten Eindruck. Derselbe Uniformierte wie mittags weist uns, ohne uns eines Blickes zu würdigen, in den bekannten Speiseraum, in dem bereits fünf etwas verlottert wirkende Männer Platz genommen haben. Wieder läuft der Fernseher, auf den alle gebannt starren. Eine Tennisübertragung vom Grand-Slam-Turnier in Paris fesselt die Bedürftigen und wenig später auch uns. Bekanntlich geht alles wieder sehr zügig, und nach einem leckeren Gemüseeintopf liegt schon bald ein dicker Eierpfannkuchen mit Pommes Frites einschließlich Tomatenscheibe vor mir. Den Pudding zum Dessert verschmähe ich gänzlich, da ich wirklich kein Freund dieser schwabbeligen Masse bin. Während die anderen noch eilig ihre Nachspeise einschaufeln, wird der Fernseher von der fülligen, weiß gekleideten Bedienung ausgeschaltet, um uns alsbald aus dem Raum zu treiben. Das eingewickelte Brot, das ich nicht angerührt habe, nehme ich mit, um keinen verschwenderischen Eindruck zu hinterlassen, und morgen bin ich vielleicht froh darüber, wenn ich wieder auf meiner Vía bin.

Bis zum Hals steht mir nun das Essen, während wir das Gebäude verlassen. Dann gibt es einen großen Donnerknall und schlagartig beginnt es, wie aus Eimern zu schütten. Schnell suchen wir Unterstand in einer kleinen Passage und warten bis sich das Gewitter abschwächt. Plötzlich fallen mir meine Wanderschuhe ein, die ich zum Auslüften auf den Balkon unseres Zimmers gestellt habe. Das ist die Strafe für das Schauspiel, das wir heute zweimal aufgezogen haben, sage ich zu Manuel. Als wir nach einigen Minuten bei nachlassendem Regen, gegen den wir uns mit einem herumliegenden Karton schützen, die Herberge erreichen, stelle ich erleichtert fest, dass ein aufmerksamer Kollege meine Stiefel rechtzeitig in Sicherheit gebracht hat. Erst mal in die Horizontale und in aller Ruhe verdauen, so lautet die Devise für den Moment. Gespannt mustere ich dabei die neuen Pilger, von denen ich den einen oder anderen während der nächsten Tage genauer kennenlernen könnte. Für Manuel und mich sind es allerdings die letzten gemeinsamen Stunden, morgen früh gehen wir wieder getrennte Wege. Beide wissen wir, einen neuen Freund gewonnen zu haben und sind uns sicher, dass unser Kontakt auch nach der Vía nicht abreißen wird.

Glücksbringer auf den Dächern von Zamora

Willi will's wissen

Zamora – Granja de Moreruela

Kurz und schmerzlos gestalten Manuel und ich unseren Abschied, wir brauchen nicht viele Worte, ein gegenseitiges Schulterklopfen, und die gemeinsamen, wunderbaren Tage sind vorbei. Ganz sicher werden sie unvergessen bleiben.

Alleine verlasse ich die Herberge, und es kommt mir vor wie ein Neustart, während ich durch die Gassen von Zamora ziehe. Bis Santiago sind es noch vierhundert Kilometer, und mit Galicien, auf das ich mich schon freue, liegt die geheimnisvollste aller Jakobswegregionen noch vor mir. Dennoch läuft vor meinem inneren Auge gerade ein Film ab, in dem sich mir die einzelnen Abschnitte meines bisherigen Weges präsentieren. Doch für ein Resümee ist es viel zu früh. Ich bin zufrieden, mit dem was ich bisher erlebt habe, ich gehe gestärkt aus dieser Zeit und fühle mich in vielerlei Hinsicht bestätigt. Jetzt will ich nach vorne schauen, dankbar sein, dass ich auf diesem Pilgerweg unterwegs sein darf und mich und meine Umgebung Tag für Tag neu erleben kann. Ich setze keine besonderen Erwartungen auf Außergewöhnliches, ich werde das annehmen, was auf mich zukommt und will einfach nur ich selbst sein.

Und das Erste was auf mich zukommt, ist eine Begegnung mit Willi, einem 67-jährigen und recht fitten Pilger aus Würzburg, der sich gestern sehr kollegial zeigte und meine Wanderstiefel vor dem Ertrinken gerettet hat. Etwa zeitgleich haben wir uns auf die heutige Etappe begeben, und gemeinsam suchen wir uns den Weg aus der Stadt. Knapp eine Stunde laufen wir neben der Nationalstraße durch ein Industriegebiet, bis uns endlich ein Pfad mitten durch die bis zum Horizont reichenden Getreidefelder führt. Im Gegensatz zu den Feldern in Südspanien, die um diese Jahreszeit schon längst abgeerntet sind, ragen hier die meisten Halme noch in die Höhe. Die Landschaft ist längst nicht so ausgedörrt, und die Temperaturen zeigen sich gemäßigt. Ein wolkenverhangener Himmel schützt uns heute vor der ansonsten so gnadenlos brennenden spanischen Sonne.

So unterschiedlich wie sich Landschaft und Klima Spaniens darbieten, genau so verschieden sind die Begegnungen mit den einzelnen Pilgern auf diesem langen Weg. Von Willi, der jede Menge Wandererfahrung aufweist und schon auf den unterschiedlichsten Jakobswegen – nicht nur in Spanien – unterwegs war, erfahre ich, dass er früher als „Schulmeister" tätig war, wobei ich nicht nachfrage, was man sich darunter exakt vorstellen muss. Erstaunlich sind seine Überlegungen. Unter anderem plagt ihn der Gedanke, warum die Störche, die es in dieser Region fast auf jedem höheren Gebäude gibt, vom gestrigen Gewitter so völlig unbeeindruckt waren. Die anderen Vögel seien bei Blitz und Donner ganz aufgeregt gewesen. Doch die Störche, die er von der Herberge aus in ihren Nestern beobachten konnte, hätten keinerlei Reaktion auf die Naturgewalt gezeigt. Vielleicht seien sie schwerhörig oder sogar taub, so lautet eine seiner Theorien für ihre überaus gelassene Haltung. Aber das könne man ja eventuell über das Internet herausbekommen, was er auf jeden Fall versuchen wolle. Auch ob eine Blindschleiche schwimmen könne, ist so eine Frage, die ihn beschäftigt. Vor einigen Tagen habe er eine kleine Schlange in einem Teich schwimmen sehen, doch er sei sich nicht sicher, ob es sich dabei tatsächlich um eine Blindschleiche gehandelt habe. Aber wenn es eine gewesen wäre, die ja zur Gattung der Echsen gehöre, so müssten ja alle Echsen schwimmen können, und das würde ihn doch sehr verwundern. Ganz kann ich nicht verstehen, wie man sich mit solchen Ideenketten quälen kann, und nach dem nächsten Kaffeestopp werde ich mich lieber wieder alleine auf den Weg machen, um nicht noch angesteckt zu werden von solch „tiefgründigen" Grübeleien.

Schon seit über einer Stunde bemerken wir in einigen hundert Metern Abstand hinter uns einen weiteren Pilger. Laut Willi müsste es sich dabei um Anette handeln, die als Frau alleine auf der Vía de la Plata unterwegs ist, und die er schon seit vielen Tagen kennt. Immer wieder blickt er zurück und brütet darüber, ob es wirklich seine Bekannte ist. Ganz erleichtert ist er schließlich, als in der ersten geöffneten Bar seit Zamora – wir sind zu diesem Zeitpunkt bereits drei Stunden ohne Frühstück unterwegs – tatsächlich Anette auftaucht. Zumindest ein Rätsel ist gelöst. Unsere Pilgerrunde wird komplettiert von Bernd, einem großgewachsenen, älteren Schweizer, der gestern ebenfalls in unserem Zimmer übernachtet hat. Der sich bereits vortags etwas spießig und humorlos gebende Eidgenosse spricht mich sogleich auf meinen spanischen Freund Manuel an, der ihm etwas zu exaltiert erschienen ist. Mit der kurzen Antwort, dass nicht alle Menschen gleich sind, gelingt es mir recht geschickt, mich auf keine weitere Diskussion einlassen zu müssen. Daraufhin besorge ich mir ein leckeres Schinkenbocadillo, denn das Caritas-Essen habe ich mir schon längst von den Hüften gelaufen. Einzeln verlassen wir vier dann nacheinander die Bar.

Plötzlich wird mir bewusst, dass Willi der erste deutschsprachige Pilger ist, mit dem ich seit meinem Start in Sevilla gemeinsam unterwegs war. Und an dieser Stelle kommt mir der Titel einer bekannten Fernsehserie in den Sinn: „Willi will's wissen". Genau! Aber nun erst mal genug von Willi.

Nach dem Motto „wenn schon mal deutsch, dann bitte richtig", läuft mir nach einer Viertelstunde die etwa gleichaltrige und in der Nähe von Frankfurt wohnende Anette über den Weg. Die strammen Schrittes wandernde Mutter zweier fast erwachsener Kinder zeigt sich von Anfang an als aufgeschlossene Gesprächspartnerin, und so ziehen wir gemeinsam auf schönen Feldwegen durch die leicht hügelige Landschaft in Richtung eines Stausees. Bisweilen schweifen meine Gedanken ab zu den amüsanten und für mich einmaligen Wandertagen mit Manuel. Ich merke wie ich abtauche in eine etwas ausgelassene Phase und habe den Eindruck, dass sich Anette von dieser Leichtigkeit zumindest ansatzweise anstecken lässt. Doch mit meinem Übermut übertreiben sollte ich bei ihr nicht. Zwischendurch sprechen wir auch geistreiche Themen an und sorgen so für eine gute Mischung aus Spaß und Ernst. Da wir während unserer angeregten Unterhaltung zu wenig auf die Markierungen achten, kommen wir kurzzeitig auch mal vom Weg ab. Als wir am Straßenrand ein altes Nummernschild liegen sehen, binden wir es uns gegenseitig an den Rucksack, und ein weiteres, außergewöhnliches Fotomotiv ergänzt unsere Sammlung.

Mit Spanienzulassung

Unser Weg schlängelt sich jetzt am oberen Rand des Stausees entlang, an dessen gegenüberliegender Uferseite wir die Überreste einer alten Burganlage erblicken. Angezogen von diesen Ruinen steuern wir auf die Mauerreste zu und erklimmen eine der historischen Steinkonstruktionen. Mit meinen in den Himmel gestreckten Armen und mit Blick in die durch die Wolken blitzende Sonne fühle ich mich wie ein neuzeitlicher Highlander.

Am Wegesrand machen wir eine kurze Rast, während ich mein ausgetrocknetes Caritas-Baguette an die Ameisen verfüttere. Schon nach einer Minute kann ich die Schwärme der emsigen Krabbeltiere beobachten, wie sie die Brösel in ihre unterirdischen Bauten verfrachten. Gegen vier Uhr nachmittags erreichen wir unser angestrebtes Tagesziel Riego del Camino. Bei einigen Dorfbewohnern, die sich in einem alten, aber angenehm kühlen Schuppen zusammen gefunden haben, erkundigen wir uns nach dem Weg zur Herberge. Genau am anderen Ortsende soll sie sich befinden. Wir durchlaufen also dieses ausgestorbene 150-Seelennest einmal der Länge nach, entdecken aber weit und breit keine Pilgerunterkunft. Allerdings machen wir uns auch keine große Mühe bei der Suche, und da dieses totgeweihte Dorf nicht gerade einladend wirkt, entscheiden wir uns, in die nächste, sieben Kilometer entfernte Ortschaft weiter zu laufen. Ohne ein einziges Wort zu sprechen und ohne anzuhalten, spulen wir Seite an Seite diese Distanz ab. Jeder ist in seiner eigenen Gedankenwelt, und ganz nebenbei kann man Kräfte sparen, denn heute waren es wieder knapp vierzig Wanderkilometer. So bin ich froh, als ich endlich meine Schuhe ausziehen kann und meine Füße wieder belüftet werden.

In der Herberge erhält Anette das letzte freie Bett im eigentlichen Schlafraum, wogegen ich mich im angrenzenden Tanzsaal zusammen mit einigen spanischen Radpilgern einquartieren darf. Zum Glück müssen heute keine langen Wege mehr zurückgelegt werden, denn die Herberge, die Bar und auch der Tanzsaal befinden sich allesamt unter einem Dach. Und wenn man schon mit einer Gruppe Radfahrer zusammen nächtigt, so liegt nichts näher, als sich erst einmal ein großes Radler zu bestellen.

Dort lerne ich einen weiteren Deutschen kennen, der einen ganz besonderen Pilgerweg gewählt hat. Er ist in Valencia auf dem sogenannten *Camino de Levante* gestartet, einer nicht sehr bekannten und nur wenig frequentierten Jakobswegroute, die sich ab Zamora mit der Vía de la Plata vereint. Dies hat bei Manfred, der kein Wort Spanisch und nur gebrochenes Englisch spricht, die Konsequenz, dass er einen immensen Nachholbedarf an Kommunikation hat. So berichtet er unter anderem über die deutlich höheren Übernachtungspreise in den Herbergen und Hostals auf seinem Weg. Sogleich zückt er seinen Notizblock und beginnt, uns über die jeweiligen Preise penibel zu informieren. Etwa nach dem fünfzehnten Kostenpunkt für seine Übernachtungen bricht er schließlich ab, da er merkt, dass ihm keiner mehr zuhört. Die größte Herausforderung auf seiner Pilgerschaft sei die unendliche Einsamkeit gewesen, mit der er ständig kämpfte und mit der er sich immer wieder arrangieren musste. Er sei jetzt richtig froh, endlich unter Gleichgesinnten zu sein und werde den Weg nach Santiago nur noch genießen, was sehr verständlich ist.

Nach einem gemeinsamen Pilgermenü mit Anette, Willi und Manfred beschließe ich den heutigen Abend mit dem Abnehmen meiner wenigen Wäschestücke. Im großzügigen Tanzsaal finde ich genügend frische Luft für einen erholsamen Schlaf.

Erst Wasser, dann Wein

Granja de Moreruela – Santa Croya de Tera

Fünf Minuten vor sieben Uhr vernehme ich ein zaghaftes Klopfen an der Tür zum Tanzsaal, dann öffnet sie sich. Es ist Willi, mit dem ich um halb acht ein gemeinsames Frühstück vereinbart hatte. Wie es aussieht, drängt es ihn bereits jetzt auf die Piste, um möglichst rasch seine geplante Extratour starten zu können. Von Granja de Moreruela aus gibt es nämlich zwei Möglichkeiten nach Santiago zu gelangen. Eine Route steuert in nördliche Richtung und trifft in Astorga auf den Camino francés, dem man dann weiter nach Santiago folgt. Die zweite Strecke, der sogenannte Sanabrische Weg, führt mehr in westliche Richtung und ist eine eigenständige Route nach Santiago. So gut wie alle Pilger wählen diesen zweiten Weg, da die meisten den Camino bereits kennen. Doch Willi will es wieder mal ganz genau wissen und hat sich vorgenommen, während der nächsten drei Tage erst nach Astorga zu marschieren, dann nach Granja zurückzukehren, um letztlich doch auf dem Sanabrischen Weg nach Santiago zu pilgern. Er schiebt quasi die drei Verbindungsetappen zwischen den beiden großen Wegen ein, damit ihm nichts entgeht. Mit der Wanderausrüstung auf dem Rücken steht er marschbereit in der Tür und erklärt mir, dass er sich spontan entschieden hat, das Frühstück ausfallen zu lassen und sich lieber gleich auf den Weg machen wolle. Mit einem freundlichen „Buen Camino“ und besten Wünschen verabschiede ich den rastlosen Rentner.

Wenig später sitze ich bei *café con leche* und *tostadas*, zu denen mir Butter und Marmelade gereicht wird. Man weiß ja nicht, wann sich die nächste Gelegenheit ergibt, wieder etwas in den Magen zu bekommen. Wegen des heutigen Sonntags haben die Geschäfte geschlossen und bis zur nächsten Bar ist es weit.

Alleine verlasse ich die Herberge und strebe das 25 Kilometer entfernte Tábara an, eine relativ kurze Etappe, die am frühen Nachmittag abgespult sein müsste. Und weil ich mich ganz gut fühle, wähle ich eine etwa drei Kilometer längere Alternativroute, die mich an den Ruinen eines nahen Klosters vorbeiführen soll. So trotte ich die ersten Kilometer langsam vor mich hin und treffe auf einer schmalen Teerstraße drei ältere, einheimische Señores, die sich bei einem sonntäglichen Spaziergang die Zeit vertreiben. Wir unterhalten uns über das Wetter, das die letzten Tage umgeschlagen hat – nach den heißen Tagen durch die Extremadura kommen mir die Temperaturen beinahe kühl vor. Ich erkundige mich dabei auch, ob ich auf dem richtigen Weg zum Kloster bin und erhalte eine Bestätigung. Dann ziehe ich an ihnen vorbei, passiere wenig später eine mit Stacheldrahtzaun eingesäumte Pferdekoppel, in der sich einige prächtige, halbwilde Tiere tummeln und finde mich schließlich völlig unverhofft inmitten einer riesigen Kiesgrube wieder.

Ich bin umgeben von gewaltigen Sand- und Kiesbergen verschiedenster Körnungen, laufe vorbei an Baggern und Förderbändern, umgehe einen größeren Weiher und habe mich total verfranzt. Weit und breit sind keine Ruinen zu sehen, und auch von der Spitze eines Sandhügels aus, den ich erklommen habe, kann ich nichts entdecken. So bleibt mir nichts anderes übrig, als diese frühmorgendliche Besichtigung erst mal abzuhaken und mich grob in Richtung Westen zu orientieren. Zu meiner Erheiterung treffe ich gleich darauf auf Bernd, den älteren Schweizer, dem es ähnlich ergangen sein muss. Gemeinsam versuchen wir, dieser riesigen Sand- und Kieslandschaft zu entkommen, schwärmen in alle Richtungen aus und werden nach einigen Minuten im Zickzack-Kurs mit einem sehnlichst erhofften gelben Pfeil belohnt.

Eine Zeit lang wandere ich an der Seite des flott marschierenden Pilgerkollegen. Doch schon bald geht mir sein pausenloses und selbstgefälliges Geschwätz über seine körperliche Fitness, seine beachtenswerte Laufgeschwindigkeit, die er auf fünf bis sechs Stundenkilometer schätzt, ganz schön auf den Keks.

Fortwährend lästert er über viele seiner Altersgenossen, die ihre lahmen Glieder kaum mehr bewegen könnten. Ich habe bei seinem Vortrag so gut wie keine Möglichkeit, einen vollständigen Satz auszusprechen ohne nicht gleich unterbrochen zu werden. Und wenn es mir doch gelingt, dann hört er mir überhaupt nicht zu, sondern spricht flugs wieder über sich selbst. Langsam werde ich dieses Monologs überdrüssig. Der offenbar nach Selbstbestätigung heischende Pilger will allen beweisen, wie fit er in seinem Alter noch ist und stellt sich allzu gerne in den Mittelpunkt. Irgendwann wird mir sein Wortschwall zu viel, und ich lasse ihn einfach vorausziehen.

Über viele Kilometer war ich schon mit älteren Pilgern unterwegs, habe von ihren Erfahrungen profitiert, mich an ihren Geschichten erfreut, gemeinsam mit ihnen die Schönheiten der Natur erlebt und die Begegnungen an sich genossen. Ganz im Gegensatz zum Auftreten dieses profilierungssüchtigen Wanderers. Als wir vorgestern im selben Zimmer einquartiert waren, hat selbst Manuel mich darauf angesprochen, wie unsympathisch er auf ihn wirke. Jedenfalls bin ich froh, dass ich meine Spuren wieder alleine in den Sandweg ziehen kann.

Wenig später ertappe ich mich, wie ich gerade dabei bin, eine eigenartige Traumwelt aufzubauen, in der ich meiner Fantasie freien Lauf lasse – und die heutige Etappe lässt mir dazu viel Spielraum. Die gelben Pfeile führen mich an den aufgestauten See Embalse de Ricobayo, der wunderschön, umgeben von bizarren Felsformationen wie ein Ruhepol in die Landschaft eingebettet liegt, und weit und breit ist kein Zivilisationseinfluss vorhanden, der diese Idylle stören könnte. Hier haben meine Gedanken die Gelegenheit ungehindert abzuschweifen. An den saftig grünen, ufernahen Wiesen stelle ich mir Indianertipis vor, ich beobachte die Kinder, wie sie von den Klippen in den klaren See springen und sehe die Squaws an ihren Feuerstellen kochen. Die Kulisse, die sich mir bietet, ist bereit für eine weitere Verfilmung des „Schatzes am Silbersee“ – doch diesmal ist es mein eigener Streifen, der sich vor meinem inneren Auge abspult.

Da läuft doch 'ne Pilger-Squaw!

Der Weg, der sich als enger, steiniger Pfad nahe der Uferböschung entlang zieht, steigt plötzlich steil an, und hundert Meter oberhalb erblicke ich erneut Bernd und einige Schritte vor ihm Anette. Zusammen stehen wir dann auf dem höchsten Punkt am Rande der großen Klippen und sind fasziniert von dem einzigartigen Panorama. Bewusst lasse ich mich beim Weitermarsch wieder zurückfallen und bleibe in meiner eigenen Gedankenwelt versunken. Auf einem Waldweg, der von dichten Lavendel- und Ginstersträuchern flankiert ist, schlängelt sich die Vía in zahllosen Bögen durch die ruhige Landschaft. Ich durchwandere eine alte Eichenplantage und stoße bald darauf auf einen breiten Feldweg, auf dessen kräftig orangefarbenem Untergrund ich mit weiter Sicht auf die am Horizont liegende Hügelkette dahinziehe. Kurzzeitig verlieren sich die ansonsten so verlässlich aufgemalten gelben Pfeile, und ich muss an einigen kleineren Abzweigungen nach Gefühl entscheiden. Ich hoffe, mich nicht zu irren, denn seit dem spärlichen Frühstück sind bereits drei Stunden vergangen, und das einzige Dorf bis zum Etappenziel will ich keineswegs verpassen. Als ich nach dreißig Minuten in der Ferne die beiden Vorauspilger erkenne, weiß ich, den richtigen Weg gewählt zu haben und freue mich schon auf die baldige Stärkung. Ein weiter Rechtsbogen, eine lange Gerade und schließlich laufe ich in der kleinen Ortschaft ein.

Als ich die Bar betrete, sitzen Anette und Bernd bereits bei einem Kaffee und bestellen soeben ein Bocadillo. Der Order schließe ich mich an und beiße bald genüsslich in meine mit Schinken und Tomaten belegte Brotschnitte. Während Anette kurz verschwindet, beginne ich mit dem Barbesitzer und einem weiteren Gast eine spontane, lockere Unterhaltung. Trotz meines begrenzten Spanisch-Wortschatzes gelingt es mir unter Beimischung von ein paar Brocken Portugiesisch recht gut, mich zu verständigen. Dabei kommt sich mein Schweizer Kollege offensichtlich etwas ausgeschlossen vor und versucht, meinen Plausch mit den beiden Dorfbewohnern mit einer gezielten Frage bezüglich meines spanischen Freundes Manuel bewusst zu unterbrechen. Mitten im Gespräch mit den Einheimischen fragt er, warum Manuel gestern Abend nicht geduscht habe, er hätte das ganze Zimmer voll gestunken. Verblüfft über so viel Unsinn steigt mein Blutdruck kurzzeitig an, doch ich will mich nicht provozieren lassen, da mir eine Auseinandersetzung mit diesem selbstherrlichen Menschen einfach nur zuwider ist. Ich erkläre ihm ruhig Manuels Problem mit seinem frischen Zehenverband, den er sich aus gutem Grund nicht durchnässen wollte und führe weiter aus, dass wir an diesem Tag nur mit dem Bus gereist seien und er somit auch einmal auf eine Dusche verzichten konnte. Und diese Antwort wird dem penetranten Pilger wahrscheinlich „gestunken" haben.

Als Anette sich wieder zu uns setzt, fragt mich Bernd, ob ich mit ihnen den in wenigen Minuten beginnenden Gottesdienst besuchen wolle, wofür sich die beiden bereits vor meiner Ankunft entschieden hätten. Da mir beim Eintreffen im Dorf schon die liebevoll geschmückten Altäre in den Straßen aufgefallen sind, weiß ich, dass heute Fronleichnam – Corpus Christi – gefeiert wird. Ich erinnere mich an das vergangene Jahr, als ich auf meinem Camino francés genau zu diesem Fest, gemeinsam mit meinem spanischen Pilgerfreund Esteban, die junge Österreicherin Beatrix kennen lernte, die mich damals zum Schreiben meines letztjährigen Tagebuches ermunterte. Als ich die Frage des Eidgenossen bejahe, ist er ziemlich erstaunt, dass ich ohne lange Überlegung zustimme. Kurz darauf betreten wir drei mit den anderen Kirchgängern das festlich geschmückte Gotteshaus.

Unsere Rucksäcke stellen wir an einer hinteren Wand ab und nehmen gemeinsam in einer mittleren Reihe Platz. Während der feierlichen Messe beginnen meine Gedanken abzuschweifen an die Ereignisse vor einem Jahr, und ich lasse meine Entwicklung Revue passieren. Mir erscheint es, als ob sich ein Kreis schließen würde, und mich durchströmt ein angenehmes Gefühl von Dankbarkeit.

Nach dem Gottesdienst wohnen wir noch einige Minuten der prunkvollen Prozession bei und steuern danach – alle getrennt voneinander – dem Zielort Tábara zu. Nach gut einer Stunde ist das 1000-Einwohner-Städtchen erreicht. Als ich meine vor mir marschierenden Pilgerkollegen der Reihe nach in Richtung Herberge abbiegen beobachte, wird mir schlagartig klar, dass ich heute auf die Gesellschaft des Schweizers in der Unterkunft gut und gerne verzichten möchte. So entscheide ich mich spontan – trotz der fortgeschrittenen Tageszeit – eine weitere Etappe von dreiundzwanzig Kilometern in Angriff zu nehmen und schlage die entgegengesetzte Richtung ein. Dabei hoffe ich sehr, dass meine Füße diese zusätzliche Distanz überstehen werden. Doch mit der Aussicht, dem rechthaberischen Eidgenossen das letzte Mal auf der Vía begegnet zu sein, werde ich meine ganzen Kräfte mobilisieren.

Auf guten Feldwegen in leicht hügeligem Gelände verläuft die Etappe glücklicherweise landschaftlich recht abwechslungsreich. Über weite Strecken treffe ich keinen Menschen. Erst nach vierzehn Kilometern erreiche ich gegen achtzehn Uhr das einzige Dorf, das ich auf meiner Zusatzetappe passieren muss. Allzu gerne würde ich meine aufkommenden Schmerzen an den Fußsohlen mit einem Schluck Bier betäuben. Doch von einem etwas buckeligen, betagten Bewohner, den ich nach einer Bar frage, bekomme ich die Antwort, dass schon vor Jahren die letzte in diesem aussterbenden Dorf geschlossen worden sei. Nur noch die alten Leute würden hier bleiben, die Jungen zöge es alle in die größeren Städte. Und in zwei Stunden soll es auch eine Bar geben. So bleibt mir nichts anderes übrig, als noch mehr auf die Zähne zu beißen. Zusätzlich angetrieben werde ich von den dunklen Wolken über mir, die sich immer tiefer verfärben und tatsächlich kurz vor dem Zielort noch einen Teil ihrer mitgeführten Ladung auf mich herablassen.

Mit glühenden Sohlen, ausgetrocknet und völlig ausgehungert habe ich es kurz vor acht geschafft, nach fünfzig Kilometern komme ich mit letzter Kraft in meinem Zielort an. Aus dem Reiseführer habe ich entnommen, dass die hiesige Herberge zu einer der schönsten auf der Vía gehören soll, und die Herbergsbetreiber Anita und Domingo Deutsch sprechen würden. Als ich die Unterkunft betrete, erinnere ich mich an einige Aussprüche von Manuel, als er vor wenigen Tagen ebensolche Schmerzen hatte. Mit einem "Ay que dolor, ay que dolor" und mit einem "la caca de la vaca" begrüße ich Domingo, den sympathisch wirkenden Hospitaliero. Als er mich so ausgezehrt ankommen sieht, fragt er mich ohne Zögern, ob ich etwas zu trinken möchte. Auf meine Bitte um ein Bier, reicht er mir jedoch einen Krug Wasser und erklärt, dass es in dieser Herberge Sitte sei, erschöpfte Pilger erst einmal mit Wasser zu versorgen, bevor es etwas Alkoholisches geben würde. Sicher weiß er genau, was für mich gut ist, und in einem Zug leere ich das Gefäß. Als ich später im Innenhof die Schuhe und die Socken ausziehe, bietet mir Domingo für meine total aufgeweichten Füße ein warmes Salzbad an, was ich dankend ablehne, denn zunächst will ich sie an der frischen Luft austrocknen lassen. Das Glas Wein, das er mir kurz darauf serviert, weise ich selbstverständlich nicht zurück, denn damit erscheint die Welt schon wieder in einem strahlenderen Licht.

Plötzlich überkommt mich das Bedürfnis, meinen besten Vía-Freund anzurufen und so melde ich mich bei Manuel in Barcelona. Als ob er ein Gespür dafür hätte, fragt er mich als erstes, ob ich dem Schweizer schon wieder begegnet sei. Ich informiere ihn ansatzweise über die Ereignisse mit dem Eidgenossen, berichte ihm von der langen Etappe und erkundige mich nach seinem Befinden. Daraufhin gratuliert er mir zur heutigen Marathonstrecke und erzählt, dass er gerade mit hochgelagerten Füßen genüsslich auf seiner Couch vor dem Fernseher liege.

Das sind wahre Freunde! Zum Schluss wünscht er mir noch „Buen Camino“ und er freue sich auf den späteren E-Mail-Kontakt.

Ohne vorab duschen zu können, werde ich kurz darauf von Anita zum Abendessen gerufen, das ich zusammen mit vier weiteren Deutschen, einem Holländer und einem Belgier in einer äußerst geselligen Runde einnehmen darf. Wir bekommen dazu so viel Wein wie wir wünschen und von Minute zu Minute fühle ich mich besser. Besonders beeindruckt bin ich von Romain, dem 75-jährigen Belgier, der selbst in diesem Alter die Vía de la Plata noch bewältigt und ganz nebenbei auch noch fünf Sprachen spricht.

Auf einen megalangen Pilgertag, folgt bald gesunder Pilgerschlaf!

Domingo sorgt für Nachschub beim Pilgerwein

Jeder hat seine Geschichte

Santa Croya de Tera – Rionegro del Puente

Zum zweiten Mal in Folge habe ich die Nacht in einem Raum zusammen mit spanischen Radpilgern verbracht, und wiederum war es eine angenehme Nacht. Im Vergleich zu den meisten Fußpilgern, die die morgendliche Kühle beim Wandern zu schätzen wissen, starten die Radler meist verzögert in den Tag, da es ihnen auf ihren Mountainbikes oft noch zu frisch ist. Infolgedessen bleibt es in einer Radlerstube morgens länger ruhig, was mir nach meiner Doppeletappe sehr entgegen kommt. Auch das Packen meines Rucksacks geht beschaulich von statten, denn der momentane Nieselregen trägt nicht wirklich dazu bei, übereilt vorwärts zu drängen. So stehen während der nächsten Minuten vorrangig der Kaffee- und der Snackautomat im Mittelpunkt des Geschehens. Die beiden Selbstbedienungsapparate sind mehr oder weniger umlagert von derselben Gruppe, mit der ich das vorabendliche Pilgermenü zu mir genommen habe. Da ist zum einen die hochgewachsene, schlanke, etwa 50-jährige Constanze, die mir gerade das letzte Schokohörnchen aus dem Snackautomaten wegschnappt, so dass ich mit einem Biskuitstäbchen zu meinem Kaffee Vorlieb nehmen muss. Zu dieser Runde zählt auch der 65-jährige Fred aus Holland, der mit einem Kaffeebecher und einer angebrochenen Tafel Schokolade bestückt schon in voller Wandermontur bereit steht. Dann ist da noch die Dreiergruppe aus Inge, Jutta und Volker, die gemeinsam unterwegs sind. Sie sind in Salamanca gestartet und haben derzeit große Probleme, da sich Jutta sehr schmerzhafte Blasen gelaufen hat und momentan nicht in der Lage ist, weiter zu marschieren. Die drei müssen ihr gemeinsames Tagesziel genau vorausplanen, da Jutta mit dem Taxi oder mit dem Bus ihr Etappenziel erreichen muss. Und schließlich ist da der belgische Wanderveteran Romain, der trotz seines Alters eine äußerst vitale Figur abgibt.

In relativ kurzen Abständen machen wir uns auf den Weg. So ergibt es sich, dass ich nach knapp zwei Kilometern auf Fred treffe und mit ihm ein erstes Gespräch führe. Dies wird insofern erleichtert, da der Holländer mit einer Deutschen verheiratet ist und meine Sprache beinahe perfekt beherrscht. Von Beginn an zeigt sich Fred sehr aufgeschlossen, und es entwickelt sich ein munterer Plausch. Er hat schon etliche Pilgertouren hinter sich und bereits öfters die Pyrenäen durchwandert. Da sich meine Pilgererfahrung auf den Camino francés vom vergangenen Jahr beschränkt, berichte ich ihm hiervon entsprechend intensiv. Weshalb ich ausgerechnet ihm von meinem Buch erzähle, für das ich kurz vor meinem Aufbruch zur Vía de la Plata einen Verleger gefunden habe, und für dessen Entstehung sich der Holländer merkwürdigerweise sehr interessiert, verstehe ich anfänglich nicht. Zwischendurch frage ich ihn zweimal, ob er wirklich die ganze Geschichte hören möchte, wobei ich zur Antwort bekomme, dass er es schon sagen würde, wenn es ihm zu viel würde. So berichte ich ihm von den Anfängen meiner Tagebuchaufzeichnungen bis hin zum Vertrag mit dem Verlag, währenddessen der Holländer unablässig meinen Schilderungen folgt. „Schön“ war seine erste Antwort, als ich meinen Monolog beendet habe. „Da kannst du stolz sein“, hat er noch hinzugefügt. Doch meine Neugierde ist geweckt und ich will von ihm wissen, warum er so konzentriert gelauscht hat.

Dann beginnt Fred mit seiner Geschichte und erzählt, dass er vor zwei Jahren, kurz nach seiner Pensionierung, von Holland aus nach Santiago de Compostela gepilgert ist und dabei ebenfalls Tagebuch geführt hat. Als er von Freunden und Bekannten über seinen Weg befragt wurde, hat er festgestellt, dass die Aufmerksamkeit bei seinen Schilderungen bereits nach fünf Minuten nachgelassen hat. Dies resultierte vorwiegend aus den umfangreichen Erklärungen, die notwendig sind, um dem Gegenüber die Motivation und die Gefühlswelt eines solchen Unternehmens begreiflich zu machen. Und genauso ist es mir nach meinem Camino francés ergangen. Nach wenigen Sätzen, bei denen meine Gesprächspartner hauptsächlich von meiner zurückgelegten Kilometerleistung beeindruckt waren, trat fast immer eine imaginäre Wand zwischen mich und meine Zuhörer. Und eben aus diesem Grund hatte auch Fred begonnen, seine Erlebnisse in den Computer zu schreiben, sie auszudrucken und kostengünstig binden zu lassen. Dreißig Exemplare ließ er anfertigen, verteilte sie in seinem Freundes- und Bekanntenkreis und erhielt immer eine positive Resonanz. So hat ihm eine Nachbarin berichtet, dass sie von seinen Erlebnissen so gefesselt war und sein Skript in einem Zug durchgelesen habe. Auch sein früherer Arbeitgeber sei so begeistert gewesen, dass er sich bereit erklärt hatte, weitere hundert Exemplare auf eigene Kosten zu erstellen und den Verkaufserlös einem wohltätigen Zweck zukommen zu lassen. Damit wurde ein Projekt für drogen- und suchtabhängige Menschen unterstützt.

Während wir unsere Pilgergeschichten angeregt austauschen, führt uns die Vía meist auf schmalen Feldwegen durch zahlreiche Pappelplantagen immer in Nähe zum Río Tera, und inzwischen hat sich auch die Sonne wieder durch die Wolkendecke gekämpft. Gemeinsam steuern wir nach zwei Stunden auf Calzadilla de Tera zu, wo Fred auf seinen belgischen Pilgerfreund Romain warten will, der ihm per Handy seinen Standort mitgeteilt hat. Alleine ziehe ich weiter entlang eines Bewässerungskanals und erreiche schon bald die nächste Ortschaft, in der ich die geöffnete Bar ansteuere. Ich bestelle mir ein Radler und einen kleinen Brotzeitteller, auf dem mir aufgeschnittener Schinken und verschiedene Käsesorten dargereicht werden. Es dauert nicht lange, da treten auch Fred und Romain ein. Ein kurzer Blick auf meinen Teller reicht, und der Wirt bekommt denselben Auftrag in zweifacher Ausführung. Erstaunt bin ich wiederum über die Fitness des Belgiers, der die bisherigen Kilometer fast genauso schnell bewältigt hat wie ich. Doch nicht die Kondition alleine ist es, die mich erstaunt, in erster Linie sind es seine mentale Einstellung zu einem so anspruchsvollen Unternehmen, seine stete Wachsamkeit mit der er in seinen Körper hört, die enorme Selbstsicherheit und der eiserne Wille, seinen Weg konsequent zu gehen. Dabei wirkt er keineswegs verbissen, sondern versprüht eine Menge Charme, Intelligenz und Witz. Er kann wirklich stolz auf sich sein.

Ich lasse die beiden Älteren, die sich auf der Vía kennengelernt haben und offensichtlich gute Freunde geworden sind, in der Gaststätte zurück und begebe mich alleine auf die Strecke. Gleich nach hundert Metern treffe ich auf eine etwas aufgelöst wirkende Constanze, die sich heute früh verlaufen hat, wie sie mir berichtet und jetzt sichtlich froh ist, ein bekanntes Gesicht zu entdecken. Sogleich erkundigt sie sich, ob es in dieser Ortschaft eine Bar gebe. Ich erkläre ihr den kurzen Weg dorthin und sie zieht erleichtert ihres Weges.

Beim Verlassen des Dorfes komme ich an einem außerhalb gelegenen Gehöft vorbei, wo ich von zwei mittelgroßen, freilaufenden Hunden schon von Weitem mit heftigem Gebell erwartet werde. Das erste Mal auf meinem langen Weg durchströmt mich ein intensiveres Angstgefühl, als ich mich zwischen den beiden Kläffern schier hindurchzwängen muss. Instinktiv versuche ich, auf ihr lautes Gebell nicht zu reagieren und meinen Weg unbeirrt fortzusetzen. Angesichts der blitzenden Beißer in ihren Mäulern verlangt mir dies jede Menge Mut ab. Ich wage nicht zurückzublicken und ziehe mit gleichmäßigen Schritten weiter. Als ich mich schon in Sicherheit wähne, nehme ich zirka 150 Meter hinter mir plötzlich ein weiteres, heftiges Hundegebell wahr, das sich rasch nähert. Zuerst drehe ich mich bewusst nicht um, doch nach einigen Sekunden, als ich die Meute knapp hinter mir vermute, wende ich mich blitzschnell um und stelle mit Entsetzen fest, dass gerade vier Hunde staubaufwirbelnd auf mich zustürmen. Angeführt wird dieses wild bellende Rudel von einem kalbgroßen Vierbeiner, der sich nur noch wenige Meter hinter mir befindet. Intuitiv reiße ich meine Wanderstöcke in die Höhe, und tatsächlich bleibt der Anführer stehen, und die drei anderen tun es ihm gleich. Ganz ruhig wird es plötzlich. Das Einzige, was ich noch wahrnehme, bevor ich mich wieder umwende, ist das heftige Schwanzwedeln des Rudelführers. Ein weiteres Mal versuche ich, möglichst unbeeindruckt meinen Weg fortzusetzen. Ausdrücklich vermeide ich, mich umzusehen, aber einige Male kann ich nicht widerstehen und schiele verstohlen zurück. Auf den nächsten Kilometern erwähle ich mir fortwährend einen Baum am Straßenrand, auf den ich notfalls flüchten würde, wenn sie nochmals auf mich zugestürmt kämen. Erst als ich mir recht sicher bin, dass sie nicht mehr in Sichtweite sein dürften, drehe ich mich vollständig um. Tatsächlich ist kein Verfolger mehr zu entdecken, und ich atme tief durch. So ein Erlebnis brauche ich nicht wieder! Bestimmt noch zehn Mal wandert mein Blick zurück, bis ich schließlich den Gedanken eines weiteren Angriffs endgültig aus dem Kopf habe.

Unterwegs auf samtweichen Pfaden

Nach einer halben Stunde bietet sich mir von einer Anhöhe aus die Aussicht auf einen Stausee mit dem klangvollen Namen Embalse de Nuestra Señora de Agavanzal. Während ich den See auf einer hohen Staumauer überquere, werde ich von dem böigen Wind einmal so heftig erfasst, dass es mich fast an das Geländer drückt. Auf speziell angelegten Wanderwegen, die sich in Ufernähe entlang schlängeln, fällt mein Blick immer wieder auf kleinere Sandbuchten. Bei schönem Wetter würde mich das Gewässer bestimmt zu einem kurzen Badestopp verleiten, doch bei den aufpeitschenden Wellen wäre dieses Unterfangen viel zu gefährlich. Irgendwann entfernt sich der Weg vom Seeufer und führt leicht bergauf in einen verschlafenen Weiler. Weiter geht es auf samtweichen Pfaden durch eine idyllische Wiesenlandschaft, auf der die hoch stehenden und teils ausgedörrten Grashalme vom Wind in die Waagrechte gelegt werden. Ich durchschreite kleinere Wäldchen, marschiere vorbei an ungezählten, mit ihren riesigen weißen Blüten schon von weitem leuchtenden Zistrosensträuchern und erreiche über eine kleine Anhöhe am frühen Nachmittag den Ort Rionegro del Puente. Meine Überlegung, ob ich noch weitere neun Kilometer anhängen soll, erledigt sich in der örtlichen Bar von alleine. Von einer mir schon bekannten, gerade aufbrechenden Pilgergruppe aus mehreren Spaniern, einem Franzosen und einem Belgier erfahre ich, dass im nächsten Ort nur sechs Betten in der Herberge zur Verfügung stehen, die sie selbst schon bräuchten. Und so bleibt mir nach dem Duschen am Nachmittag genügend Zeit für die überfällige Wäsche meiner Wanderklamotten, ausgiebiges Relaxen und für Tagebucheinträge. Am späten Nachmittag trifft die Sechsergruppe, die mich von meinem Weitermarsch abgehalten hat, geschlossen mit dem Taxi wieder in Rionegro ein, da die Herberge schon vor ihrer Ankunft belegt war.

Das abendliche Menü nehme ich mit denselben Pilgern ein wie gestern. Von Jutta, die erst am frühen Abend die Gelegenheit hatte, mit dem Bus hierher zum Zielort ihrer Begleiter zu gelangen, erfahre ich, dass der unliebsame Schweizer nachmittags alleine in der Herberge in Santa Croya angekommen und zum Glück dort auch geblieben sei.

Manchmal gelingt es einfach nicht, mit vollem Bauch schon um 22 Uhr in den Schlaf zu finden. Die nahe Kirchenuhr, die zu jeder halben Stunde eine misstönende Melodie von sich gibt, vernehme ich bis 2.30 Uhr, bis auch ich ins Reich der Träume gleite.

Der Lauf der Zeit

Rionegro del Puente – Puebla de Sanabria

Buchstäblich mit dem Sonnenaufgang starte ich leicht unausgeschlafen meine 21. Etappe auf der Vía de la Plata. Drei Wochen bin ich mittlerweile unterwegs, vergleichbar einem Uhrwerk wird ein Tag nach dem anderen abgespult. Oft weiß ich nicht einmal den Wochentag. Raum und Zeit scheinen keine Rolle mehr zu spielen. Der Pilgeralltag hat mich fest im Griff, und manchmal kommt es mir vor, als ob es gar nichts anderes mehr gäbe, als sich den Rucksack umzuschnallen, einfach los zu marschieren, um irgendwo wieder anzukommen. Der einzige Wunsch, den ich heute Morgen gen Himmel schicke, ist, dass das Wetter während der bevorstehenden vierzig Kilometer einigermaßen mitspielen möge. Meinen Füßen schenke ich inzwischen großes Vertrauen und bin mir sicher, dass sie mich nicht enttäuschen und auch diese längere Etappe durchstehen werden.

Recht ereignislos verlaufen die ersten zehn Kilometer auf einem zerfurchten Feldweg über eine Hochebene immer in Blickweite zur Nationalstraße. Die Sonne hat sich wieder hinter den grauen Wolkenhimmel verzogen, und die spärliche, schroffe Graslandschaft, in der überall bemooste Felsbrocken wirr in der Gegend herumliegen, lässt die Szenerie fast gespenstisch erscheinen. Ich fühle mich beinah einsam und verloren auf diesem Teilabschnitt und bin froh, nach knapp zwei Stunden die erste Ortschaft zu erreichen. Ein wärmender Kaffee in einer nicht sonderlich ansprechenden Bar, ein bescheidener Einkauf in dem kleinen Lebensmittelladen und weiter geht es durch das auf knapp tausend Höhenmetern gelegene, leicht hügelige Gelände. Für kurze Zeit laufe ich zusammen mit Fred, dann ist jeder wieder alleine unterwegs. Vier oder fünf Mal wiederholt sich das auf der heutigen Etappe. Einmal ist der eine etwas schneller, dann der andere, wir verlieren uns für längere Zeit aus den Augen und treffen schließlich erneut aufeinander. Etliche kleine Weiler und Dörfer gilt es zu durchlaufen, in fast regelmäßigen Abständen von drei bis vier Kilometern. Viele sind nur noch von der älteren Generation bewohnt, was an dem maroden Zustand zahlreicher Häuser sichtbar wird. Von den aus Natursteinen aufgebauten, mit Holzbalken gestützten und mit Schieferplatten bedeckten Gebäuden sind viele stark einsturzgefährdet. Nur noch wenige sind bewohnt, und junge Leute oder Kinder trifft man so gut wie keine an. Die Stadtflucht ist in vollem Gange oder vielmehr längst vollzogen. In einigen Vorgärten werden noch ein paar Gemüsesorten von den Alten angebaut, vermutlich aus jahrzehntelanger Gewohnheit. Die felsigen Böden, die Unwegsamkeit des Geländes und die Aussichtslosigkeit auf Arbeit fordern ihren Tribut. Fünfmal muss ich auf der heutigen Etappe die moderne Autobahn überqueren, die die kleinen Dörfer einfach rechts und links liegen lässt. Auch das soziale Leben und die Infrastruktur sind auf ein Minimum reduziert. Bars, Restaurants oder Kramerläden sucht man vergebens.

Schon längst verlassene Behausungen

Mehrmals werde ich durch lautes Autohupen in den Straßen der Dörfer fast erschreckt. Mobile Bäcker, Metzger und Lebensmittelhändler versorgen die verbliebenen Alten mit ihren kleinen Lieferfahrzeugen, aus denen man sich mit dem Nötigsten eindeckt. Und nur zu diesem Anlass, so kommt es mir vor, treffen auch mal drei oder vier Bewohner aufeinander. Auffällig ist allerdings, dass jede Ortschaft, auch wenn sie noch so klein ist, über eine mehr oder wenig gut erhaltene Kirche verfügt. Dass hier noch regelmäßig sonntägliche Gottesdienste stattfinden, kann ich mir nicht vorstellen.

Jetzt gleitet meine Wahrnehmung wieder in Richtung Landschaft, die sich hier deutlich abwechslungsreicher präsentiert, als zu Beginn der Etappe und sich einiges von der ursprünglichen Natur zurück erkämpft. Viele der unbewohnten und baufälligen Häuser sind inzwischen überwuchert von Büschen, Farnen und sogar von Bäumen. Auf Trampelpfad ähnlichen Waldwegen verläuft die Strecke durch Eichenwälder, vorbei an hohen Ginsterbüschen und einmal auch durch einen malerischen, knorrigen Kastanienwald.

Als sich mir am späteren Nachmittag der Blick auf den heutigen Zielort Puebla de Sanabria öffnet, bin ich froh, dass das Wetter einigermaßen gehalten hat. Über lange Zeit zeigte sich der Himmel stark wolkenverhangen, jedoch ohne mich auf meinem Weg zu begießen.

Auf knapp tausend Meter über dem Meeresspiegel ist ein wahres Tourismuszentrum entstanden und wird noch weiter ausgebaut. Die vielen Hotels und Restaurants in der geschäftigen Stadt haben offensichtlich nur ein Ziel – noch mehr Touristen anzuziehen und so für Arbeitsplätze zu sorgen. Jetzt wird mir klar, wohin es die jungen Leute und die Familien zieht.

In der Herberge gönne ich mir in einem erstaunlich luxuriös ausgestatteten Badezimmer ein ausgiebiges Duschbad und verziehe mich daraufhin alleine in eine Bar. Neben zwei Tischen mit älteren Männern, die lautstark und wild gestikulierend in ihr Kartenspiel vertieft sind, finden sich auch zahlreiche Jugendliche ein, die sich beim Billardspiel vergnügen oder sich nur bei dem einen oder anderen Getränk angeregt unterhalten. Auf jeden Fall ist die Luft durch den Zigarren- und Zigarettenrauch ähnlich grau wie draußen der Himmel.

Sehr spät erst, gegen 21 Uhr, verspeise ich zusammen mit Fred und Romain ein Pilgermenü. Der Belgier, der schon vor drei Jahren die komplette Vía de la Plata bestritten hat, hielt heute nach zirka dreißig Kilometern ein Auto an, wie er uns berichtet und ließ sich dann zum Zielort fahren. Sehr vernünftig!

Trotz eines relativ beengten Schlafraums überkommt mich aufgrund der gestrigen kurzen Nacht und dem heutigen langen Tag sehr schnell ein geruhsamer Schlaf.

Harmonie wie bei den Waltons

Puebla de Sanabria – Lubián

Heute steht die höchste Erhebung der Vía de la Plata auf dem Programm. Der 1350 Meter hohe Pardonelo-Pass muss erklommen werden. Während der Nacht hat es stark geregnet, doch zum Glück halten beim Verlassen der Herberge die dunklen Wolken ihre nasse Fracht erst einmal zurück. Zunächst gehe ich ins Zentrum hinauf, um in einer der zahlreichen Bars zu frühstücken. Mehr als ein Milchkaffee und eine Packung trockener Kekse sind leider nicht im Angebot. So mache ich mich schon bald wieder auf den Weg durch den mit zahlreichen Baustellen versehenen Stadtkern. Nach etwa zwanzig Minuten stoße ich auf die Nationalstraße, deren Seitenstreifen heute für viele Kilometer mein Laufrevier sein wird. Erfreulicherweise sorgt die in knappem Abstand parallel verlaufende Autobahn dafür, dass die Nationalstraße wenig befahren ist. Nur ab und zu braust ein Auto an mir vorbei. Zwölf Kilometer bis zum eigentlichen Passaufstieg wird mich dieser grau-monotone Asphaltbelag begleiten. Nur ein einziges Mal wird meine morgendliche Wandertristesse durchbrochen, als eine fünf Mann starke Radlergruppe laut grüßend und Wasser aufspritzend an mir vorbeistrampelt. Denn wie schon befürchtet hat es erneut angefangen zu regnen. Der einzige Vorteil ist, dass mein Rucksack verhältnismäßig leicht ist, denn viele meiner Kleidungsstücke habe ich heute angezogen und Flüssigkeit brauche ich angesichts der moderaten Temperaturen auch nicht viel mitschleppen. Eine Viertelstunde später treffe ich nochmals auf die Radfahrer, da einer von ihnen eine Panne hat. Im Vorbeigehen beobachte ich, wie auf den Hinterreifen ein neuer Schlauch aufgezogen wird.

Doch wenig später strampeln sie wieder an mir vorbei. Nach gut zweieinhalb Stunden erreiche ich endlich den kleinen Ort Requejo, von wo aus der zehn Kilometer lange Anstieg zum Pass beginnt.

In der einzigen Bar treffe ich auf die Sechsergruppe von vorgestern und erhalte eine unerfreuliche Auskunft. Von der Barchefin hätten sie erfahren, dass aufgrund der starken Regenfälle an den Vortagen die landschaftlich sehr schöne Originalroute teilweise überflutet sei, man im weichen Morast bis über die Knöchel einsinken würde und sie deshalb geraten hätte, bis zur Passhöhe weiter an der Nationalstraße zu marschieren. Anstatt grüner Eichenwälder, Farnteppichen im Unterholz und Heidekraut wird es wohl für die nächsten Stunden beim Einheitsgrau bleiben. Gemeinsam mit der aus drei Nationen zusammengesetzten Gruppe starte ich den Angriff auf den Pass. Bestätigt, die richtige Entscheidung getroffen zu haben, werde ich durch den immer stärker werdenden Regen und die im dichten Nebel eingehüllten Berggipfel. Nur für kurze Zeit bleiben wir zusammen, um dann auf dem langen Weg nach oben immer weiter auseinander zu driften. Meist mit stoischem Blick auf meine Wanderstiefel ziehe ich den ereignislosen Anstieg empor. Auf einer etwa fünfzig Meter hohen Pfeilerbrücke, die sich über das breite, in kräftigen Grüntönen leuchtende Wildbachtal spannt, erkenne ich vorübergehend den Originalpfad, der sich tief unter der Brücke hindurch windet. Zwanzig Minuten später habe ich den höchsten Punkt auf meiner Vía erreicht und durchschreite den gut vierhundert Meter langen Passtunnel. Nach so vielen Hitzetagen habe ich ausgerechnet am höchsten Punkt das größte „Sauwetter“.

Kurz nach der Passüberquerung landen schließlich der Reihe nach alle durchgefrorenen und vor Nässe triefenden Wanderer in einer kleinen Bar. Immer dampfiger wird die Luft in dem engen Raum, denn die meisten Pilger sind nicht nur von außen nass, sondern schwitzen aufgrund des gut zweistündigen Aufstiegs reichlich. Ein wärmender Kaffee, ein Schluck auf den Gipfelsieg, und gleich treibt mich die Enge des Raumes sowie die saunaähnliche Atmosphäre zum raschen Weitermarsch. Bis fünf Kilometer vor dem Etappenziel geht es auf der Fernstraße talwärts, während sich das Wetter langsam bessert, zumindest hat es aufgehört zu regnen.

Nach 25 Kilometern auf Asphalt bin ich es leid und entscheide, auf der Originalroute weiter zu laufen – wird schon nicht so schlimm werden. Über einen steilen Abstieg gelange ich zu einer kleinen Häuseransammlung, durch die mich ein gepflasterter Pfad vorbei an maroden Gebäuden zu einem steinigen Waldweg leitet. Von dort führt der Kurs in ein tief eingeschnittenes, grünes und dicht bewachsenes Tal. Auf einer alten, stark bemoosten Steinbrücke überquere ich einen Bach, in dem ich für einige Momente nach Fischen Ausschau halte. Danach geht es in zahlreichen Windungen wieder bergan. Weit in den Weg hinein ragen die Äste der knorrigen Eichen, denen man kaum ausweichen kann. Eine Stunde lang genieße ich die pure, wilde Natur und freue mich, dass dieses Schlussstück der Etappe mein positives Urteil über die bislang wunderschöne Vía bestätigt. Letztlich erreiche ich das erste Haus meines Zielortes und überraschenderweise ist es gleich die Herberge. Nach gut drei Wochen auf der Vía habe ich den ersten kompletten Regentag hinter mir und bin froh, die einladende Pilgerunterkunft, ein uriges, renoviertes Steinhaus, betreten zu können.

Sofort werde ich von zwei Deutschen begrüßt, die im Aufenthaltsraum gerade eine Brotzeit einnehmen. Die beiden Rentner Kurt und Ulrich haben sich kurz hinter Sevilla getroffen und laufen seitdem gemeinsam. Ich setze mich zu ihnen an den Tisch und unterhalte mich eine ganze Weile mit ihnen. Dabei lerne ich die beiden Pensionäre als unzertrennliches Duo kennen. Auf mich erwecken sie den Eindruck, als seien sie ein ganzes Leben lang schon ein eingespieltes Paar. Sie kaufen gemeinsam ein, essen zusammen und weichen auf dem Weg bestimmt nicht mehr als fünf Meter voneinander. Was der eine nicht hat, wird von dem anderen hilfsbereit zur Verfügung gestellt, ja mir kommt es vor, als könnten sie sich gegenseitig ihre Wünsche von den Lippen ablesen.

„Du, ich geh mir mal die Zähne putzen." „Ja, mach ich dann auch gleich."

„Du, ich muss mal schnell aufs Klo." „Hast Du auch an Papier gedacht?"

„Brauchst Du auch einen Zahnstocher, oder möchtest Du lieber ein Stück Zahnseide haben?“

Das Mitteilungsbedürfnis der beiden ist wohl kaum zu bremsen, und ihre Trennung in Santiago wird sicherlich sehr schmerzlich.

Nach dem Duschen treffe ich in der Bar auf vier Pilgerinnen aus Holland, alle um die fünfzig Jahre, die an einem Tisch vollgestellt von Einkaufstüten mit Lebensmitteln und Getränken sitzen. Ich steuere direkt auf sie zu und frage, ob sie ebenfalls in der Herberge schlafen. Alle begegnen mir mit einem freundlichen Lächeln und bejahen meine Frage. Ich verweise auf ihren großzügigen Einkauf und gebe ihnen zu verstehen, dass ich mir meinen nun schenken könne, da ihre Vorräte bestimmt auch für mich reichen würden. Doch sie meinen, sie seien allesamt sehr „verfressen“ und es wäre besser für mich, mich selbst zu verköstigen.

Als ich wieder in die Herberge komme, werde ich im Aufenthaltsraum von einem wahren Tischlein-Deck-Dich empfangen. Spontan setzte ich mich an den Tisch der vier Holländerinnen, die mit ihrer Mahlzeit schon begonnen haben. Ich frage sie, ob sie das alles für mich so schön hergerichtet hätten und ergänze, dass so viel Aufwand gar nicht nötig gewesen wäre. Eigentlich wollten sie ja auf mich warten, erklärt eine von ihnen, doch dann kam ihnen der Gedanke, dass ich vielleicht in der Bar versumpfen könnte. Niemals würde mir so etwas passieren, antworte ich, wenn ich wüsste, dass mich ein überreicher Gabentisch erwartet. Und schon wird mir ein Rotweinglas gereicht, das ich sogleich erhebe, was mir die Frauen gleichtun, und ich bringe einen Toast aus „auf den Vize-Weltmeister Niederlande aus dem Jahre 1974“. Mit einem schallenden „Ooohhh“ bekomme ich sogleich die Quittung. Als ich daraufhin frage, wer von den vier netten Damen mir wohl mein Brötchen schmieren würde, erhalte ich einen leeren Teller hingestellt und die ironische Antwort, dass es bereits der Ehre genug sei, bei ihnen am Tisch Platz nehmen zu dürfen. Eine ganze Weile zieht sich dieses neckische Spiel hin, und selbstverständlich steuere ich auch meine zuvor im Kramerladen erworbenen Köstlichkeiten bei.

Lubián – die letzte Ortschaft in Kastilien

Der Reihe nach treffen immer mehr Pilger in der Herberge ein. Der Speiseraum, in dem sich im hinteren Teil vier Betten befinden, in denen sich die vier Holländerinnen einquartiert haben, füllt sich zum Bersten. Neben Fred und Romain, die heute zusammen ankommen, finden sich unter anderem der Österreicher Alex, ein Spanier namens Juan und zuletzt das bis über die Ohren frisch verliebte Paar Monika und Heinz ein. Die Stimmung wird immer fröhlicher und ausgelassener, mehrmals steht eine neue Flasche Rotwein bereit, und die Heiterkeit gipfelt in einem lautstarken Kanon, der von den Oranje-Frauen angestimmt wird.

Vor dem Schlafengehen führe ich vor der Herberge ein langes und offenes Gespräch mit Monika und Heinz. Die 53-Jährige und der 65-Jährige sind sich auf der Vía zufällig über den Weg gelaufen und haben sich Hals über Kopf ineinander verliebt. Den beiden sehr sympathischen Deutschen ist es mit ihrer jungen Beziehung offenbar sehr ernst, sie beginnen bereits Pläne zu schmieden, wie sich ihre gemeinsame Zukunft über die Vía hinaus gestalten könnte.

Als schließlich die gesamte Pilgerschar in die Betten gefunden hat und das Licht ausgedreht wird, glaube ich mich plötzlich dreißig Jahre zurückversetzt. Wie mir der kultige „Gute-Nacht-Wunsch“ von John Boy und Elizabeth Walton noch in den Ohren klingt, so schallt es jetzt von zwei fest verschweißten Rentnern durch die nächtliche Stube: „Gute Nacht, Kurt!“ „Gute Nacht, Uli!“ „Schlaf gut!“ „Du auch!“.

Die wilde Schöne

Lubián – A Gudiña

Über Nacht haben sich die dunklen Regenwolken verzogen und ein sonniger Tag mit strahlend blauem Himmel zeichnet sich ab. Heute steht eine weitere Bergetappe an, und vielleicht werden wir für den gestrigen, verregneten Tag entschädigt. Auch beim Frühstück läuft alles nach Wunsch, denn mein Marmeladenbrötchen bekomme ich von einer gut gelaunten und fürsorglichen Monika fix und fertig serviert.

Relativ spät, erst gegen 7.30 Uhr, mache ich mich auf den Weg, denn für heute sind nur 24 Wanderkilometer geplant. Der Hospitaliero hat uns gestern Nachmittag schon freudig eingestimmt, indem er eine wunderbare Strecke ankündigte. Von der Herberge aus durchquere ich Lubián der Länge nach, wobei sich mir die letzte Ortschaft Kastiliens mit seinen aus Granit gebauten und mit Schiefer bedeckten Häusern in der frischen und klaren Morgenluft von seiner schönsten Seite präsentiert. Zwischen den letzten verbliebenen, weißgrauen Wolkenfetzen sticht aus einem türkisblauen Himmel ein fast schneeweißer Dreiviertelmond heraus. Die im Hintergrund des Dorfes verlaufende Bergkette wird von den ersten morgendlichen Sonnenstrahlen auf eine Weise beleuchtet, dass man glauben könnte, der gesamte Berg würde gleich verglühen. Als Kontrast zu diesem Naturschauspiel drehen auf den umliegenden Erhebungen unzählige der riesigen Windkrafträder ihre Kreise. Am Ortsende führt mich eine Betonstraße hinab in das saftige Tal des Río Tuela. Hier unterschreite ich die hoch über mir verlaufende Autobahn, die mit ihren mächtigen Stützpfeilern der unter ihr liegenden Natur einen Dolchstoß zu versetzen scheint. An den Hängen ziehen vereinzelt Nebelschwaden entlang, die von der erst aufgegangenen Sonne noch aufgelöst werden müssen. Allzu lange werden sie sich gegen die intensiven Junistrahlen nicht wehren können. Nur wenige Meter weiter erreiche ich die wunderschöne, im barocken Stil errichtete Kirche Santario de la Tuiza. Sie ist der „Virgen de las Nieves", der Schneejungfrau geweiht, die in früheren Zeiten große Verehrung bei den galicischen Erntehelfern genoss, wenn sie bei der Rückkehr aus der Meseta um Beistand für die Überquerung des A Canda-Passes baten. Es ist so gut wie unmöglich, ein Foto von dem malerischen Gotteshaus zu schießen, ohne ein paar Windkraftanlagen oder die schnelle Autopiste mit abzulichten. Und so suche ich für meine Motive ganz bewusst den Kontrast zwischen der alten und der neuen Welt, auf diese Weise entstehen einige meiner schönsten Vía-Bilder.

Als dann eine halbe Stunde später der Anstieg zum 1250 Meter hohen A Canda-Pass beginnt, habe ich die Moderne sehr schnell vergessen und tauche ein in eine wilde, naturbelassene Landschaft, durch die ein schmaler, steiniger Pfad immer weiter nach oben führt. An vielen Stellen laufen mehr oder weniger große Rinnsale entlang des Weges, wobei jeder Tritt sorgfältig gewählt werden muss, um nicht ins Wasser zu tappen. Die Regenfälle von gestern haben viele morastige Stellen hinterlassen. Die dichte Vegetation, die sich den meist nur ein bis zwei Meter breiten Pfad zurück erkämpfen will, verhindert vielfach eine aufrechte und gleichmäßige Fortbewegung. Ginsterbüsche legen ihre gelben Blütenzweige in langen Armen über den Weg, und das Blätterwerk von Hasel und Eiche tut es ihnen gleich. Fortwährend erhalte ich kleine Duschen von den feuchten Zweigen. An besonders wasserreichen Stellen, die den Weg in eine riesige Pfützenlandschaft verwandeln, helfen Trittsteine über die Hindernisse, doch auch hier gilt es jeden Schritt mit Bedacht zu setzen. Je weiter es nach oben geht, desto mehr lichtet sich der Wald, und der Dschungelcharakter verliert sich. Jetzt gelingt es der Sonne besser, ihre wärmenden Strahlen tiefer in das Buschwerk zu werfen, und ich beginne merklich zu schwitzen. In der Ferne sehe ich die letzten Reste der Nebelbänke, die zusehends schwinden. Kurz vor der Passhöhe wird der Weg steiniger, aber auch flacher, die Vegetation reduziert sich auf Ginsterbüsche und Heidekraut, und bei herrlichem Sonnenschein und blauem Himmel kann ich wenig später meinen Blick über zwei Täler schweifen lassen. Hinter mir liegt Kastilien mit dem Tuiza-Tal und vor mir Galicien mit seinen grünen Hügelketten, die sich bis zum Horizont erstrecken.

Der Kontrast aus „alt“ und „neu“

Ich betrete die Provinz Ourense und gelange auf einem vom Pass herunter führenden Weg nach einer Viertelstunde in den kleinen Weiler A Canda. Kurz hinter der Häuseransammlung komme ich mit einer alten Frau ins Gespräch, die auf den Leitplanken an der schmalen Teerstraße im Schatten eines Baumes verweilt. Als ich ihr mitteile, dass ich sehr froh bin, nach den vielen Kilometern nun galicischen Boden unter den Füßen zu haben, entgegnet sie mir ganz stolz, dass ihr Dorf das erste dort sei. Immer wieder wird mir aufs Neue bestätigt, dass die einheimische Bevölkerung den ausländischen Pilgern stets freundlich und aufgeschlossen begegnet. Ein „Buen Camino“ oder ein aufmunterndes „Ultreia“ gehören selbstverständlich dazu. Auch aus den vorbeifahrenden Autos grüßen mir Leute zu, manchmal wird dazu gehupt oder mit einem Arm aus dem Fenster gewunken. So werde ich auch von dieser Frau mit guten Wünschen weitergeschickt und erreiche über einen steilen, geröllreichen

Abstieg ein idyllisches Tal, in dem sich ein Bach sein Bett gesucht hat und die umliegenden Wiesen in Feuchtbiotope verwandelt.

Im nächsten Dorf versorge ich mich mit Proviant, wobei ich gerne einen Umweg in Kauf nehme, um mich in der örtlichen Bäckerei mit meinem spanischen Lieblingsgebäck, dem „Napolitaner“, zu versorgen, der hier in Galicien besonders gut schmeckt. Weiter auf samtigen, manchmal auch mit kleinen Wasserläufen durchzogenen Pfaden leiten mich die Wegsteine durch eine kargere Hügellandschaft, die überreichlich mit teils riesigen Felsbrocken bestückt ist, die wie Pilze aus dem Boden schießen. Plötzlich tauchen in einiger Entfernung vor mir die vier Holländerinnen auf. In diesem zerklüfteten Landstrich verliere ich sie mehrmals aus den Augen und erblicke sie dann wieder. Schließlich unterhalte ich mich mit einem einheimischen Bauern, der gerade aus seiner Esskastanienplantage auf mich zuläuft. Die etwa vier Meter hohen Bäume, die zu Hunderten relativ eng zusammengepflanzt sind und sich über eine Fläche von zwei Fußballfeldern erstrecken, gedeihen in dieser Region besonders gut und tragen neben ihren schmackhaften Früchten auch zu einem außergewöhnlichen Landschaftsbild bei.

Felsenlandschaft in Galicien

Der Hospitaliero hat uns gestern nicht zu viel versprochen, als er auf den Abwechslungsreichtum der heutigen Etappe hingewiesen hat. Und falls ich noch ein Buch über meine ganz persönlichen Eindrücke dieser Pilgerstrecke schreiben sollte, so stünde der Titel schon fest: „Vía de la Plata – die wilde Schöne“.

Über eine Hochebene, die ein weites Panorama in die umliegende Berg- und Hügelregion freigibt, gelange ich auf dem Seitenstreifen der Nationalstraße abwärts marschierend nach A Gudiña, meinen Zielort. Vor der Herberge treffe ich gleich auf fünf Holländer – das weibliche Oranje-Quartett und Fred – die allesamt auf den Hopitaliero warten, der eine kurze Notiz hinterlassen hat, dass er gleich wiederkomme. Nach zwei Minuten erscheint er tatsächlich. Der spanische Herbergsbetreuer hinterlässt einen sehr übereifrigen und resoluten Eindruck. Er fordert uns auf, in einer Reihe anzustehen und nicht alle gleichzeitig an seinen Schreibtisch zu drängen, was gar nicht der Fall ist. Jetzt erklärt er penibel jedem Pilger das Procedere, als ob von uns niemand zuvor eine Herberge betreten hätte. Eindringlich mahnt er, dass wir allesamt nur einen Schlüssel zur Verfügung hätten und es daher sinnvoll sei, wenn immer mindestens eine Person in der Herberge bleibe. Abends würde er um Punkt 22 Uhr zusperren, und wer zu spät komme, hätte dann sicherlich ein Problem. Und beim Verlassen des Hauses sollten wir für Sauberkeit und Ordnung sorgen und besser zweimal kontrollieren, um nichts zurückzulassen. Erst nach dieser Ansprache, die er bei jedem einzelnen Pilger teilweise doppelt und dreifach hält, beginnt er mit der Stempelvergabe und dem Kassieren der Übernachtungsgebühr. Fast kommt man sich hier vor wie beim Einchecken am Flughafen, nur an der Leibesvisitation müsste unser Herr Hospitaliero noch etwas feilen.

Erst ziemlich spät trifft Romain in der Herberge ein, und da bereits alle unteren Betten belegt sind, biete ich dem rüstigen Belgier meines an und ziehe nach oben, wo ich direkt neben Uli platziert bin. Es ist erstaunlich wie der 75-Jährige eine Etappe nach der anderen abspult. Selbst den A Canda Pass ist er heute hochgewandert und die weitere Strecke ebenfalls gelaufen. Und zudem erlebt der sympathische Flame auf dieser Tour immer wieder seine ganz besonderen Momente. So berichtet er uns diesmal, dass er um die Mittagszeit beim Durchwandern einer kleinen Ortschaft von einer Einheimischen angesprochen wurde, die sich für sein Alter interessierte. Nach ein paar freundlichen Worten, habe ihn die Señora aufgefordert, doch mit ihrer Familie Mittag zu essen, was er prompt angenommen hat. Zum Abschluss der guten Mahlzeit wurde ihm noch Kaffee angeboten und ein schattiges Plätzchen im Hinterhof zum Ausruhen zur Verfügung gestellt. Dies, so erklärt er, sei auch der Grund für seine etwas verspätete Ankunft in der Herberge. Für mich ist dieser lebenskluge Belgier mein ganz persönlicher Held auf der Vía de la Plata.

Rentnertreffen in Galicien

A Gudiña – Laza

Mit einem nochmaligen, ehrlich gemeinten Dankeschön für das überlassene Bett werde ich von Romain, der bereits beim Zusammenpacken seiner Habseligkeiten ist, in den neuen Tag begrüßt. Für den ansonsten mit Scharfsinn und klaren Gedanken ausgestatteten Belgier ist einzig das Ordnen seiner Sachen ein Buch mit sieben Siegeln. Über die gesamte Matratze verstreut liegen in einem Sammelsurium an Plastiktüten seine fürsorglich verpackten Besitztümer. Anstatt die meisten Utensilien lose in den Rucksack zu stopfen, überlässt er es mehr oder weniger dem Zufall, bis er die Stücke erwischt, die er gerade braucht. Schon während der letzten Tage habe ich mich zusammen mit Fred über seinen speziellen Verpackungsstil amüsiert, was den Belgier jedoch nicht davon abhielt, unbeirrt an diesem Verfahren festzuhalten. So bin ich nach meiner Morgentoilette nicht verwundert, als ich den rüstigen Rentner noch immer beim Sortieren vorfinde. Bei mir dauert dieser Vorgang rund zwei Minuten, und mit einem Aufwiedersehensgruß bis heute Abend verabschiede ich mich von dem Verhüllungsmeister.

In der nahegelegenen Bar stärke ich mich mit einem großen Pott Milchkaffee und meinem geliebten, schokoladegefüllten Blätterteiggebäck – auf den nächsten zwanzig Kilometern werde ich dafür keine Gelegenheit mehr finden. Noch vor Sonnenaufgang sitze ich bei angenehmen Temperaturen mit weit von mir gestreckten Beinen einige Zeit auf einem Stuhl im Freien und beobachte, wie sich die Pilger der Reihe nach auf die heutige Etappe begeben. Das Gefühl von Eile und Hast ist längst aus meinem Körper entwichen. Ich genieße es, einfach dazusitzen und das Geschehen zu verfolgen. Irgendwann schnalle ich mir den Rucksack um und verlasse entspannt den Ort.

In moderater Steigung werde ich von einer kleinen Asphaltstraße in eine sehr offene und um diese Tageszeit noch vor sich hin schlummernde Berg- und Hügellandschaft geleitet. Der Wegesrand auf rund tausend Höhenmetern ist gesäumt von hoch stehenden Gräsern, Heidekrautbüschen und gelbgrün blühendem Ginster. Baumbewuchs ist in dieser spärlichen und mit Felsbrocken durchzogenen Gegend wohl nicht möglich. Nach einer Viertelstunde beobachte ich gespannt, wie sich rechts hinter mir der leuchtende Feuerball der Sonne unaufhaltsam über einen mächtigen Bergrücken schiebt. Der zu Etappenbeginn noch fahle Morgenhimmel nimmt von Minute zu Minute mehr Farbe an und erstrahlt wie tags zuvor binnen kurzem in einem satten Blau. Je höher die Straße führt, desto weiter öffnet sich mir ein faszinierender Rundblick in die grenzenlose Landschaft. Soweit mein Auge reicht bin ich umgeben von sanften, mit einem grünen Kleid an niedrigem Buschwerk überzogenen Hügelketten. Im Halbstundentakt durchlaufe ich vier verstreut gelegene Weiler, in denen ich mehr Hunde als Menschen zu Gesicht bekomme. Doch die am Straßenrand vor sich hin vegetierenden Vierbeiner zeigen zum Glück kein besonderes Interesse an vorüber ziehenden Pilgern, sie lassen sich lediglich die wärmenden Sonnenstrahlen auf ihr Fell scheinen und zwinkern höchstens mal kurz mit den Augen. Rechter Hand blicke ich wenig später hinab auf den tiefblau, gefärbten Stausee „das Portas“, der von unterschiedlich hohen Erhebungen eingerahmt, friedlich in einer tiefen Senke ruht. Kurz danach leiten mich die gelben Pfeile weg von der Teerstraße, und auf einem steinigen Forstweg steige ich hinauf zum höchsten Punkt der heutigen Strecke. Auf der kahlen und trockenen Hochebene zeigt sich der Pflanzenbewuchs deutlich reduzierter und eingeschlossen in dem hauptsächlich aus Schiefergeröll bestehenden Untergrund, werden nur die robustesten Florageschöpfe vom Licht der Sonne genährt. Nach einer knappen halben Stunde folge ich einem steilen, steinigen Pfad ins zweihundert Meter tiefergelegene Dorf Campobecerros, in dem ich kurz vor Mittag ankomme.

Blick auf Campobecerros

Zwischen den engen, verwinkelten Gassen entdecke ich den holländischen Frühstarter Fred, der es sich unter einem Sonnenschirm vor einer Bar gemütlich gemacht hat. Nach dem Durchwandern dieses ausgetrockneten Berglandes ist ein erfrischendes Bier ein willkommener Genuss. Zusätzlich verbreiten eine deutschsprechende Wirtin und ein kleiner Laden in der Bar, in dem ich mich mit zwei Büchsen Pulpo versorge, die sogleich verzehrt werden, eine angenehme Wohlfühlatmosphäre. Kurz darauf treffen auch Monika und Heinz ein und schließlich die vier Holländerinnen. Einige Zeit genießen wir die Ruhepause, bevor Fred als erster wieder zum Weitermarsch aufbricht. Von den sympathischen Holländerinnen muss ich mich leider verabschieden, denn die vier haben bereits gestern eine Übernachtung in einer Privatpension in dieser Ortschaft gebucht, und so werden wir uns höchstwahrscheinlich auf der Vía nicht mehr begegnen. Für mich stehen bei sommerlichen Temperaturen weitere fünfzehn Kilometer an, wovon die letzten zehn stetig bergab führen ins vierhundert Meter tiefer gelegene Laza.

Gut eine Stunde nach der Rast muss ich mit meinen Gedanken wohl für einige Zeit abgeschweift sein und versäumt haben, auf die gelben Pfeile zu achten. Mit jedem Schritt, den ich weiter marschiere, ohne auf eine Markierung zu treffen, werde ich unsicherer, und allmählich beginne ich zu zweifeln, ob ich noch auf dem richtigen Weg bin. Schließlich kehre ich um und laufe gut einen Kilometer bis zur nächsten, größeren Kreuzung zurück. Als ich dort nichts entdecken kann, mache ich nochmals kehrt und hoffe, dass zumindest die Richtung grob stimmen wird. Über einige langgezogene Serpentinen laufe ich entlang des Bergrückens abwärts, bis nach gut einer halben Stunde ein Radpilger von hinten an mich heranbraust. Ich stoppe ihn und bin erleichtert, als er mir den richtigen Weg nach Laza bestätigt. Dann tritt er wieder in die Pedale und düst in rasantem Tempo auf der Schotterpiste den Hang hinunter. Weshalb über so lange Zeit keine Markierungen angebracht sind, bleibt allerdings rätselhaft. Je weiter ich talwärts ziehe, desto üppiger wird die Vegetation. Zuerst passiere ich niedrigere Fichten-, Kiefern- und Schlehenbäume, dann auch Eichen- und Kastanienbäume. Allmählich machen sich meine schon vergessen geglaubten Blasen bemerkbar, die jetzt ständig an die Schuhspitzen stoßen. Erst als mich der Weg durch einen kleinen Weiler leitet, geht es vorübergehend flach dahin, was meinen aufkommenden Schmerzen sehr entgegenkommt.

Nach Passieren des letzten Hauses sehe ich im Schatten einer großen Eiche zwei alte Frauen auf einem Baumstamm sitzen, der zu einer Bank umfunktioniert wurde, und ich geselle mich zwanglos zu ihnen. Eine kurze Rast und ein Plausch mit den beiden Einheimischen können vor den letzten sechs, immerzu abwärts führenden Kilometern bestimmt nicht schaden. Die zwei mit blau-weiß karierten Schürzen und Filzpantoffeln bekleideten Frauen zeigen sich sehr gesprächig und teilen mir mit, dass diese winzige Ortschaft früher 22 Einwohner hatte, von denen jetzt nur noch ein paar, ältere Bewohner übrig geblieben seien. Ihre Kinder und Enkelkinder, die allesamt in den Städten arbeiten, kommen nur an den Wochenenden zu Besuch und versorgen sie mit den nötigen Lebensmitteln. In ein paar Jahren, so meinen sie, würde ihr Weiler gänzlich ausgestorben und ein Großteil der Häuser dem Verfall überlassen sein. Dies sei der Lauf der Zeit und könne kaum aufgehalten werden. Ich verabschiede mich von den freundlichen Frauen und steuere die restlichen Kilometer auf einer schmalen Teerstraße in zahlreichen Biegungen dem grünen Tal entgegen. In der Senke überquere ich den Río Trez und erreiche Gott sei Dank – angesichts der zunehmenden Schmerzsignale meiner kleinen Zehen – zwanzig Minuten später eine der schönsten Herbergen auf meinem Weg.

Aus gutem Grund kommt es mir in der heutigen Pilgerunterkunft so vor, als ob ich zu einem Seniorentreffen geladen worden sei. Im komfortablen Küchenraum befinden sich drei hochbetagte Franzosen, von denen eine fast greisenhaft anmutende Pilgerin gerade ein Gemüsegericht für sich und ihre beiden Begleiter zubereitet. Sieht recht lecker aus und riecht auch ganz passabel. Wie die drei es schaffen, größere Distanzen einschließlich ihres Marschgepäcks zurückzulegen, ist mir ein Rätsel. Auf jeden Fall muss der Gemüseschmaus gut ankommen, denn wenige Minuten später sehe ich sie beim genüsslichen Verzehr im Aufenthaltsraum und wünsche ihnen „bon apétit“. Auch einige ältere Belgier und Holländer, die ich bisher auf der Vía noch nicht getroffen habe, finden sich in der heutigen Herberge ein. Und selbst in meinem Zimmer erholt sich ein älteres, sehr freundliches, deutsches Ehepaar auf den Matratzen von seinen Strapazen. Da gehört Fred mit seinen 65 Jahren, mit dem ich mich gemeinsam auf eine kleine Einkaufstour begebe, noch zur jüngeren Generation. Und auch beim späteren Pilgermenü fühle ich mich eingekreist von hochbetagten Pilgern, die zugegeben stimmungsmäßig gut drauf sind. Getreu dem Motto, wer genügend Zeit mitbringt, kommt ebenso an sein Ziel, ist das Wandern auf der Vía auch für ältere Semester offenbar eine erstrebenswerte Herausforderung. Und wenn man bei den heißen spanischen Nächten gut schlafen will, ist es ratsam, die Zimmertür einen Spalt offen zu lassen, um wenigstens für etwas Durchlüftung zu sorgen. In einer Pilgerherberge wird schon niemand ausgeraubt werden. Buenas noches pensionistas!

Lust auf eine Extratour

Laza – Xunqueira de Ambia

Das erste, was es heute früh nach Verlassen der Unterkunft zu erledigen gilt, ist die Schlüsselabgabe bei der *Protecci-ón Civil*, also der örtlichen Polizei. Im Gegensatz zu der Herberge von A Gudiña schenkt man den Gästen in Laza weit mehr Vertrauen, denn alle Pilger bekamen gestern ihren persönlichen Schlüssel, den man sich vor der Ankunft in der Herberge bei der Polizeistation besorgen musste. Durch die farbige Kennzeichnung wurde uns der jeweilige Schlafraum zugewiesen. Dabei nahmen die Beamten auch die Personalien auf, trugen den Stempel in den Pilgerpass ein und kassierten die Übernachtungsgebühr von drei Euro. Nur ein sehr kleiner Umweg ist heute nötig, um die Schlüssel wieder bei der Polizeistation zu hinterlegen. Als ich an der Straßengabelung den Weg dahin einschlage, werde ich von einem älteren holländischen Ehepaar, das ungefähr zeitgleich mit mir die Herberge verlassen hat, angesprochen, ob ich auch ihren abgeben könnte. Auch wenn es den Senioren ihre Etappe bloß um einige Schritte erleichtert, erweise ich ihnen gerne die kleine Gefälligkeit. Einige Minuten später begegnet mir der nächste Holländer. Es ist Fred, der kurz vor mir aufgebrochen ist und mir jetzt ohne seinen Rucksack entgegen kommt. Im Gegensatz zu seinen Landsleuten legt er zur frühen Morgenstunde eine kleine Extratour ein, da er seine Kopfbedeckung in der Herberge vergessen hat und deshalb nochmals zurück muss, wie er mir etwas abgehetzt mitteilt. Sportlich erkläre ich ihm, dass er für mich ja sowieso zu der fitteren Fraktion der Vía-Senioren zähle, die am frühen Morgen ohnehin ein paar Extrameter bräuchten, um erst so richtig in Schwung zu kommen.

Schon am Ortsende ziehe ich an dem niederländischen Rentnerpaar vorbei, laufe ein paar Kilometer an einer Landstraße durch das fruchtbare Tal des Río Tamega, bevor mich ein Feldweg durch Weinfelder und Gemüseäcker ans Ende des Tales leitet. Von dort beginnt ein recht steiler und schweißtreibender Anstieg über gut vierhundert Höhenmeter. Zuerst noch durch einen schattenspendenden Kiefernwald, dann auf felsigem Untergrund über kahl geschlagene Feuerschneisen geht es stramm berghoch. Die kräftige und mir direkt in den Rücken scheinende Junisonne sorgt zusätzlich für nicht notwendige Erwärmung. Nacheinander überhole ich die wegen des Anstiegs weit verstreuten Pilger aus der mir seit Tagen gut vertrauten Sechsergruppe. Schließlich nimmt etwa auf halber Höhe die Steigung merklich ab. Auf einem schmalen Weg, der von mächtigen, gelb blühenden Ginsterbüschen eingerahmt und teilweise auch eingenommen wird, schleiche ich gegen Ende des Aufstiegs durch eine wilde und schattenlose Heidelandschaft, ehe ich am höchsten Punkt schließlich wieder auf die Landstraße stoße.

Und zum Glück ist die nächste Bar nicht allzu fern, und diesmal ist es eine ganz besondere. Schon von außen verströmt sie einen speziellen und einladenden Charakter. Ich stehe vor der sogenannten „Muschelbar" von Luis, der jedem Pilger, der seine Bar betritt, eine Muschel schenkt, auf der man sich mit Namen, Datum und Herkunft verewigen darf. Auch einen kurzen Gruß kann man anbringen. Danach wird sie von ihm an die Wand oder an die Decke geschraubt. So ist seit 2004 eine eindrucksvolle Muschelsammlung von Pilgern aus der ganzen Welt entstanden, und Luis steht kaum noch freier Platz zur Verfügung. Die Muscheln stammen allesamt von Hochzeiten, auf denen in Galicien traditionell die Gäste mit einer schmackhaft zubereiteten Jakobsmuschel begrüßt werden. Mit Liedern von Simon & Garfunkel, ABBA und anderen Gruppen, die in den 60- und 70-iger Jahren bzw. in der Flower-Power-Zeit ihre größten musikalischen Erfolge hatten, vermittelt der Besitzer eine harmonische, friedvolle Stimmung. Und da ich heute der erste und gerade auch der einzige Gast bin, lasse ich diese besondere Atmosphäre in aller Ruhe auf mich wirken. Nach und nach treffen die während des Anstiegs auseinandergedrifteten

Pilger ein. Unter ihnen ist auch Fred, bei dem ich die kleine Stichelei nicht lassen kann und ihn fragen muss, wo er denn diese ganz besonders schöne Kopfbedeckung aufgestöbert hat. Mit einem spürbaren Schubs in meine Seite erhalte ich seine prompte Antwort. Würden nicht weitere, gut zwanzig Kilometer Marsch auf meinem Programm stehen, könnte ich hier stundenlang verweilen, mich von der Musik berieseln lassen und alle Viere einfach von mir strecken.

Die Muschelbar „Rincón del Peregrino"

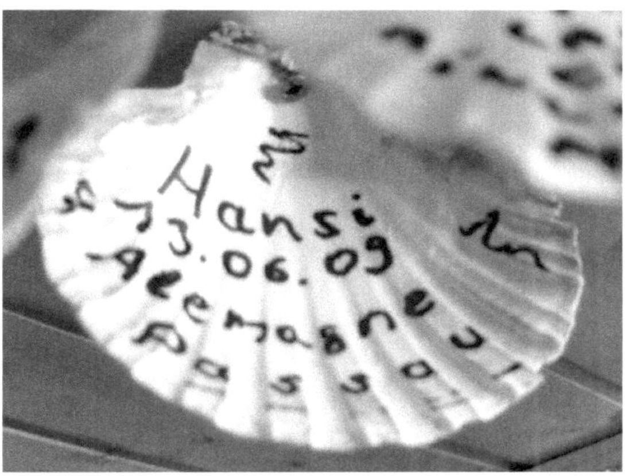

Meine Muschel an der Wand

Und wie so oft ist es Fred, der als erster von uns zum Weitermarsch aufbricht. Vor der Bar stehend sehe ich ihm nach, wie er das kleine Nest entlang des Hauptweges verlässt. Als ich mich wenige Minuten später selbst auf den Weg mache, erblicke ich gleich einen gelben Pfeil, der nach links weist. Den muss mein holländischer Freund wohl übersehen haben, denke ich leicht belustigt, denn daran ist er bestimmt vorbeigezogen. Wir können uns ja überraschen lassen, wer momentan in Führung liegt. Mich jedenfalls leiten die Markierungen durch eine bezaubernde Heidelandschaft, in der mich eine beinah grenzenlose Fernsicht fasziniert. Nach gut zwanzig Minuten passiere ich ein exponiert stehendes Holzkreuz, und mein Blick fällt in ein tiefes, waldreiches Tal, in das ich mich auf einem steil abfallenden Pfad nach unten arbeiten muss. Zwischendurch muss ich immer wieder einen verstohlenen Blick nach hinten werfen, um auszuloten, ob sich mein fliegender Holländer beim Verlassen des letzten Dorfes nicht doch etwas versegelt hat. Und tatsächlich kann ich ihn nun in einiger Entfernung hinter mir erblicken. Jetzt werde ich etwas langsamer, so dass er zu mir auflaufen kann. Wenig später sehe ich ihn mit einem möglichst verblüfft wirkenden Gesichtsausdruck an und frage ihn, wie das jetzt sein kann, dass er plötzlich hinter mir marschiert. Daraufhin erklärt er mir, dass er nach Verlassen der Muschelbar in die falsche Richtung gelaufen ist, jedoch von einem Einheimischen wieder auf die richtige Fährte gebracht wurde. Ich entgegne ihm, vermutlich habe er stark gesündigt und müsse deswegen immer wieder kleinere Extratouren einlegen, um ja sicher zu gehen, dass ihm in Santiago auch wirklich vergeben sein würde. Unter Verwendung des bekannten Spruchs, dass derjenige, der den Schaden hat, für den Spott nicht zu sorgen braucht – was sich in seinem Holländisch-Deutsch leicht verdreht anhört, jedoch sinngemäß von mir verstanden wird – versucht er, unter dieses Kapitel einen Schlussstrich zu ziehen.

Wegekreuz

Gemeinsam steuern wir auf den nächsten Ort und auf ein Lokal zu, wo wir uns ein erfrischendes Bier genehmigen. Doch allzu lange hält es den wanderfreudigen Gefährten nicht auf seinen vier Buchstaben, und wie gewohnt treibt es ihn vor mir wieder weiter. Als ich selbst aufbreche, merke ich recht schnell, dass das zu „große" Bier deutlich verlangsamend auf meine Fortbewegung wirkt. Es ist kaum zu glauben, wie schwer – nicht einmal ein halber Liter – Gerstensaft die Beine macht, vor allem wenn man nicht viel im Magen hat und bei 30°C mit Rucksack unterwegs ist. Fast wie in Trance setze ich einen Fuß vor den anderen, und es dauert eine ganze Weile, bis sich dieser Zustand wieder abschwächt. Relativ ereignislos verläuft die Route über einige Kilometer durch eine ausgedehnte Ebene meist auf geradlinigen Feldwegen. In dem von Ackerbau bestimmten Landstrich rattern immer wieder Traktoren an mir vorbei, und in den kleinen zu passierenden Weilern sind viele der für Galicien typischen, auf Stelzen gebauten Getreidespeicher, die sogenannten Hórreos, vorzufinden.

Ganz unerwartet fällt an einer winzigen Weggabelung im Schatten buschiger Heckensträucher mein Blick auf Fred. An seinem Rucksack angelehnt auf dem Boden liegend und sein spärliches Haupthaar mit einem feuchten Lappen bedeckt, verschafft er sich Abkühlung. Für einige Minuten rasten wir zusammen, geschützt vor der starken Nachmittagssonne. Die letzten eineinhalb Stunden bis zum heutigen Zielort laufen wir dann gemeinsam, wobei es gegen Ende der Etappe glücklicherweise immer wieder durch die von Eichenbäumen beschatteten Corredoiras geht, die dem Wortsinn nach Verbindungswege zwischen den einzelnen Weilern sind. Gegen vier Uhr nachmittags erreichen wir unsere heutige, recht schöne Pilgerunterkunft, etwas außerhalb des Ortskerns.

Vorsorglich belegen wir mit unseren Gepäckstücken ein zusätzliches, unteres Etagenbett für unseren belgischen Vía-Helden Romain, den wir auch heute erwarten. Nach einem wohltuenden Duschbad nickt mein holländischer Pilgerfreund für ein halbes Stündchen ein, während ich mich meinen Tagebucheinträgen widme. Nach und nach füllt sich der Schlafraum mit neu ankommenden Pilgern, darunter auch etliche Radpilger. Schließlich dürfen wir auch Romain in unserem Kreise begrüßen, der einen erstaunlich fitten Eindruck hinterlässt. Knapp dreißig Kilometer hat er heute wieder zurückgelegt, lediglich beim vormittäglichen, steileren Anstieg zur Muschelbar habe er als Autostopper eine alternative Möglichkeit genutzt.

Mit deutlichem Magenknurren starte ich mit den beiden Senioren zu einer Ortserkundung, die relativ schnell in einer Bar ihr Ende findet. Und wie schon bei meinem mittäglichen Biergenuss dauert es jetzt im ausgehungerten Zustand selbst bei einem kleinen Bier nicht lange, bis ich am liebsten den Kopf auf den Tisch legen würde. Jetzt wird es höchste Zeit, dass etwas Herzhaftes in meinen Magen kommt. Vom Barbesitzer, den wir nach einem Pilgermenü befragen, bekommen wir zur Antwort, dass er uns leider keines anbieten könne. Seine Frau sei jedoch eine hervorragende Köchin und ihre Linsensuppe die beste, die wir je genossen hätten. Allerdings kann ich mich nicht mehr daran erinnern, wann ich meine letzten Linsen gegessen habe und vor allem nicht daran, dass eine solche Suppe wirklich gut schmecken könnte. Da es für uns vermutlich keine Wahl gibt, nehmen wir sein Angebot an, müssen uns aber etwas gedulden, da er seine Frau erst hierher rufen muss. Mit einigen Tapas und Rotwein werden wir bei Laune gehalten, bis wir schließlich an einem gedeckten Tisch Platz nehmen dürfen. Etwas skeptisch beobachten wir, wie uns jeweils eine gut gefüllte und vor Hitze dampfende Schüssel des Linsengerichts serviert wird. Zusammen mit dem Rotwein werde ich es bestimmt runter bekommen, denke ich gerade, als in die Mitte des Tisches zusätzlich ein Topf für den Nachschlag gestellt wird. Dann wünschen wir uns guten Appetit. Gleich beim ersten Kitzeln meiner Geschmacksnerven wird mir klar, dass der Barbesitzer nicht übertrieben hat. Blitzartig hat sich meine Meinung über diese ballaststoffreiche Hülsenfrucht gewandelt. Und der Rotwein dient jetzt vielmehr dazu, die hervorragende Speise abzurunden. Selbst der zweite Topf wird von uns ratzeputz geleert. Satt und zufrieden verlassen wir die Gaststätte und sind froh, uns bis zur Herberge die Füße noch etwas vertreten zu können. Vor dem Zubettgehen dürfen Fred und ich uns ein weiteres Mal an Romains Raschelkonzert vergnügen, das er mit seiner Plastiktütensammlung ausgiebig inszeniert.

Beim Linsenessen mit Fred und Romain

Wie ein Geschenk des Himmels

Xunqueira de Ambia – Ourense

Nach der wahrscheinlich letzten Knistersymphonie auf meiner Vía folgt ein äußerst herzlicher Abschied von Romain und Fred, die seit knapp einer Woche wichtige Begleiter für mich waren. Viele gemeinsame, angenehme Stunden durfte ich mit ihnen erleben, und ob wir uns nochmals begegnen werden, ist ungewiss. Mit der gut 100.000 Einwohner zählenden Großstadt Ourense streben wir zwar das gleiche Etappenziel an, jedoch unterschiedliche Quartiere. Die beiden Rentner haben dort einen zweitägigen Aufenthalt geplant und wollen sich zusammen ein Doppelzimmer nehmen. Für mich dagegen steht die nächste Pilgerherberge auf dem Programm, und meine Stadtbesichtigung werde ich auf den heutigen Nachmittag und Abend beschränken. Es ist zwar gut möglich, dass wir uns in der Provinzhauptstadt noch einmal über den Weg laufen, doch dem Zufall wollen wir unseren Abschied nicht überlassen. Nach einem ausgiebigen und kräftigen Händeschütteln mache ich mich ausnahmsweise als erster von uns dreien auf den Weg.

Bei noch ziemlich verfinstertem Himmel habe ich einige Mühe, im Zentrum von Xunqueira die nächsten Markierungen zu finden. In alle Himmelsrichtungen begebe ich mich auf die Suche und finde bald Unterstützung von einem – wie kann es anders sein – mir bestens vertrauten Holländer. Gemeinsam gelingt es uns, den Weg aus dem langsam erwachenden Ort ausfindig zu machen. Hinunter in das Tal des Río Arnoya und am Gegenhang über einen Pfad wieder bergauf leiten uns die Pfeile. Da ich zu warm bekleidet bin und schon am frühen Morgen zu schwitzen beginne, bleibe ich stehen und entledige mich meines

Fleecepullovers. Es folgt ein kräftiger Schluck von meinem Wasser-Limonaden-Gemisch, bevor ich den Pullover im Rucksack verschwinden lasse. Fred hat sich in der Zwischenzeit einen knappen Vorsprung verschafft, den er auf den folgenden Kilometern entlang kleinerer Landstraßen in Richtung Ourense beibehält. Doch nach gut einer Stunde entdecke ich ihn in einem Bushäuschen sitzend bei einer morgendlichen Brotzeit. Mich treibt jedoch die Hoffnung auf einen sonntäglichen Milchkaffee gleich weiter, die sich tatsächlich in der nächsten Ortschaft erfüllt. Allzu lange dauert es nicht, bis auch Fred eintrifft.

Die restlichen Kilometer unserer heutigen Etappe, die insgesamt nur aus 24 besteht, laufen wir Seite an Seite, durchwandern mehrere Vororte und ein reizloses Industriegebiet, bevor uns die lebendige Großstadt mit einer langen Einfallstraße aufsaugt. Die Gespräche, die wir auf unserem letzten gemeinsamen Weg führen, sind sehr persönlich, was ich als Zeichen gegenseitiger Wertschätzung und großen Vertrauens betrachte. Es war stets ein angenehmes Gefühl, den wandererfahrenen Holländer in Reichweite zu wissen. An einem zentrumsnahen Café, das alle Pilger passieren müssen, lassen wir uns ein letztes Mal zusammen nieder, stoßen auf die zurückliegenden Tage an, bevor uns ein zweiter, wehmütiger Abschied trennt. Fred will in diesem Café auf Romain warten, während ich die Pilgerherberge anpeile.

Beinahe wäre ich an dem großen Gebäude, einem ehemaligen Klosterkonvent, vorbei gelaufen, hätte mich nicht Juan, ein etwa gleichaltriger, eher ruhiger, spanischer Pilgerkollege, der mir während der letzten Tage schon öfters aufgefallen ist, mit einem lauten Ruf darauf aufmerksam gemacht. Von der Herberge, die etwas erhöht über dem alten Stadtkern thront, begeistert ein wunderschöner Ausblick über die alte Goldgräberstadt, die zu Zeiten der Römer aufgrund der reichen Funde am Ufer des Miño den bezeichnenden Namen „Aurium“ trug. Besonders beeindruckend ist die weithin sichtbare, alles überragende, im 12. und 13. Jahrhundert erbaute Kathedrale San Martiño.

Es ist etwa um die Mittagszeit, als ich bei meiner Stadterkundung gerade an dem Gotteshaus vorbeikomme und mir die mit festlicher Sonntagskleidung gewandeten Kirchgänger von der soeben beendeten Messe entgegenströmen. Eine Zeit lang lasse ich mich im Pulk der Gläubigen durch die Gassen treiben, bevor sich die Menge in alle Richtungen verläuft. Schon nach wenigen Minuten komme ich mir in dieser Großstadt ziemlich einsam vor und hoffe, bald auf einen bekannten Pilger zu stoßen. Ich ziehe weiter durch die Fußgängerzone Richtung Río Miño, über den sich eine 38 Meter hohe römische Brücke spannt. Dort verweile ich ein wenig, bis mich aufkommender Hunger in eine der zahlreichen Bars treibt.

Wieder auf dem Rückweg durch die Fußgängerzone treffe ich auf zwei Straßenmusikanten, die auf mich wirken, als wollten sie ihre alternative Lebenseinstellung demonstrieren. Die mit einer Gitarre ausgestattete Sängerin, zu deren Füßen geduldig ein zotteliger Hundemischling kauert, gibt dabei nicht allzu beeindruckende Töne von sich. Ihr Partner sorgt währenddessen mit einem umgedrehten Hut, den er möglichst vielen Passanten entgegenstreckt, für das notwendige Familienbudget. Bei einer Liederpause spreche ich die mit Rucksack reisenden Vagabunden an und erfahre, dass auch sie sich auf Pilgerschaft befinden. Die spanische Sängerin und ihr französischer Freund sind genau wie ich in Sevilla gestartet, und gemeinsam mit ihrem Hund ziehen sie Richtung Santiago. Mit ihrer Musik und den gesanglichen Einlagen – wobei das Wort „Gesang“ geschmeichelt ist angesichts der markanten Tonauswürfe der Spanierin – sorgen sie für ihren derzeitigen Lebensunterhalt. Ich frage den Franzosen, ob ich gegen einen kleinen Obolus ein kurzes Video von seiner Gefährtin drehen dürfe, woraufhin die beiden selbstverständlich zustimmen. Die etwa 35-Jährige erklärt mir vor Beginn ihrer Präsentation noch, dass sie mir ein ganz besonderes Lied von Pilger zu Pilger vortragen will. Nach einer kurzen Konzentrationspause beginnt sie, den Song „Blowing in the wind“ von Bob Dylan zu spielen. Als die Spanierin während ihrer Vorführung einige Schwierigkeiten hat, die nächste Griffkombination richtig zu treffen, stoppe ich mit meinem Video und bedanke mich für ihren Vortrag. Mit einem „Buen Camino“ und der Floskel, dass man sich ja vielleicht unterwegs nochmals begegne, ziehe ich schließlich von dannen. Indes bin ich mir sicher, dass mir die schrillen und durchdringenden Laute lange Zeit nicht aus dem Kopf gehen werden.

Die Kathedrale San Martiño

Planlos streife ich weiter durch die Großstadt, und von Minute zu Minute fühle ich mich einsamer. An jeder Bar werfe ich von außen einen suchenden Blick hinein, um vielleicht doch einen herbeigewünschten Pilgerfreund zu entdecken. Und wie heißt es so bezeichnend, man fühlt sich am einsamsten, wenn man „getragen durch des Menschen Stromes Wogen durch drängend volle Straßen großer Städte schreitet". In diesem Gemütszustand empfinde ich auf einmal den starken Wunsch nach Hinwendung zu Gott und mache mich auf in Richtung Kathedrale. Über geraume Zeit sitze ich auf einer Bank mitten im Kirchenschiff und lasse meinen langen Weg von Sevilla bis hierher in Gedanken vorüberziehen und spüre zunehmend eine tiefgehende, innere Zufriedenheit. Doch zu meinem Leidwesen kann ich dieses Gefühl nicht lange konservieren. Schon wenig später werde ich erneut von Unrast erfasst und ich streune ziellos durch die Metropole. Dabei stoße ich in der Nähe des Flusses auf eine große Menschenansammlung, die sich von einer folkloristischen Tanzaufführung begeistern lässt. Unweit davon lege ich mich im Schatten einiger alter Bäume auf eine Bank und vernehme die volkstümlichen Klänge. Anschließend versuche ich mich vergeblich an Tagebucheinträgen. Irgendwie scheint es nicht mein Tag zu sein und ich stecke meinen Notizblock wieder ein. Die Innenstadt ist mir mittlerweile so vertraut, dass ich mich als Fremdenführer betätigen könnte. Als ich letztlich gar nicht mehr weiß, wo ich hin soll, zieht es mich aus unerklärlichen Gründen nochmals in die Kathedrale. Abermals nehme ich alleine Platz in einer der Bankreihen. Kurz darauf klopft mir plötzlich jemand auf die Schulter. Ich drehe mich um und sehe in die freudestrahlenden Gesichter von Monika und Heinz. Die beiden kommen mir wie ein Geschenk des Himmels vor, und sofort erläutere ich ihnen wie froh ich über unser zufälliges Treffen bin. Schlagartig sind die betrüblichen Stunden meines Alleinseins vergessen, und zu dritt steuern wir ein Café an, das an einem lauschigen Plätzchen gegenüber ihrer Privatunterkunft liegt. Kaum haben wir uns niedergelassen, da tauchen wie aus dem Nichts Fred und Romain neben unserem Tisch auf. Ich kann mein Glück kaum fassen, jetzt auch noch die beiden wieder zu sehen. Ganz zufällig haben sich die zwei im selben Hotel einquartiert wie Monika und Heinz und gesellen sich selbstverständlich zu uns. Nach einer vergnüglichen Stunde ziehen sich die zwei Flachländer für eine vorabendliche Rast in ihre Unterkunft zurück, während ich mich mit Monika und Heinz in eine der zahlreichen Tapas-Bars begebe. Zusammen verbringen wir einen amüsanten Abend in einer immer lebhafter werdenden Innenstadt, verköstigen uns mit leckeren Appetithäppchen und genehmigen uns das eine oder andere Viertel Rotwein. Erst kurz vor zehn Uhr mache ich mich eilends auf den Rückweg zur Herberge, um nicht vor verschlossenen Türen zu stehen. Noch vor wenigen Stunden hätte ich mir so einen versöhnlichen Tagesabschluss nicht träumen lassen und bin froh, dass mich das sympathische Paar vor dem Alleinsein gerettet hat.

Vom Träumen hält mich allerdings mein heutiger Bettnachbar ab, der mit lautstarken Schnarchgeräuschen brilliert. Schließlich packe ich Kissen und Schlafsack und verlege meine Schlafstätte einfach ein paar Meter weiter in ein anderes freies Bett. Und schon klappt's mit dem Einduseln.

Die spinnen, die Mönche

Ourense – Monasterio de Oseira

Die Schwüle des Tages hat sich bis tief in die Nacht gehalten, und mein vorabendlicher Rotweinkonsum hat vermutlich auch seinen Teil dazu beigetragen, dass ich ziemlich verschwitzt den neuen Morgen begrüße. Als ich mit meinem Bettzeug an meine ursprüngliche Schlafstätte zurückkehre, werde ich von meinem ehemaligen Bettnachbarn mit einem verwunderten Blick gemustert. Es ist kurz nach sieben, als ich die Herberge verlasse.

Mit tiefen Zügen inhaliere ich die angenehme, frische Morgenluft und freue mich, endlich meine Route fortsetzen zu können – jedoch nicht, ohne zuvor in einem der zahlreichen Cafés zu frühstücken. Wenig später überschreite ich die imposante Römerbrücke über den Río Miño und durchlaufe die rechter Hand des Flusses gelegenen Stadtteile von Ourense. An einem Markierungsstein zweige ich von der breiten Ausfallsstraße ab und lasse mich von einem schmalen Asphaltweg rasch in die Höhe leiten. Bei jedem Blick, den ich zurückwerfe, habe ich eine noch herrlichere Übersicht auf das um das Flussbecken angesiedelte Häusermeer. Dann werde ich auf einem mit großen Granitsteinen bepflasterten Pfad immer steiler den endlos erscheinenden Hang hinauf geführt. Nach einer halben Stunde fühle ich mich, als hätte ich samt Kleidung ein Vollbad genommen. Die leichte Brise, die gut 300 Höhenmeter über dem tiefen Flusstal weht, wirkt angenehm kühlend und so ganz nebenbei habe ich während des Anstiegs die 100-Kilometermarke nach Santiago überschritten.

Endlich wird es flacher, und vor allem spenden mir immer wieder mächtige Eichenbäume willkommenen Schatten. Im leichten Auf und Ab passiere ich kleinere Ansiedlungen und vereinzelte Gehöfte, unterbrochen von Streckenabschnitten durch luftige Wälder auf samtweichen Wegen. Die satte, grüne Landschaft, durch die mich die Pfeile leiten, lässt eine heitere, befreiende Gemütsstimmung aufkommen, und meine gestrige, innere Unruhe ist längst vergessen. Ich verspüre keinerlei Anstrengung und könnte ewig so entspannt durch die Lande streifen.

Ich einer der kleinen Ortschaften versorge ich mich in einem Miniladen mit frischen Getränken und einer Dose Pulpo, eingelegt in Knoblauchsoße. Frisches Brot bekomme ich leider nicht dazu. Gleich hinter dem Dorf lege ich eine kurze Rast ein, um mein zwischenzeitlich aufgekommenes Hungergefühl zu stillen. Ich setze meinen Rucksack ab, krame nach meiner Gabel und kann es kaum erwarten, den in mundgerechte Stücke geschnittenen Fisch zu genießen. Gleich das größte Stück picke ich mir zuerst aus der Dose und beiße herzhaft hinein. Dann dauert es ganze zwei Sekunden und das von meinem Kaureflex dreifach zerbissene Tintenfischteil landet direkt vor meinen Füßen. Es folgt eine längere Spuckaktion und eine Mundspülung mit dem soeben erworbenen Limonadengetränk. Was habe ich da bloß zwischen meinen Zähnen zerkaut? Auf jeden Fall hat sich zum Pulpo eine sehr unbekömmliche Substanz gemogelt – und die heißt Rost! Als ich die Blechdose genauer unter die Lupe nehme, erkenne ich, dass sie an einigen Stellen bereits deutliche Alterungserscheinungen in Form von Rostablagerungen zeigt. So ein der „Versteinerung“ nahes Produkt hätte man längst aus dem Verkaufsregal entfernen müssen. Kurz überlege ich, ob ich umkehren soll, um beim Ladenbetreiber zu reklamieren, was mir dann doch zu albern ist. Und der Appetit ist mir für den Moment vergangen.

Über einen schmalen Fluss passiere ich eine mittelalterliche und fast vollständig bemooste Steinbrücke, hinter der mich eine Ansammlung von verfallenen, unbewohnten Granitsteinhäusern und ebenfalls stark einsturzgefährdeter Getreidespeicher erwarten. Gedanklich versetze ich mich in die Zeit, als diese kleine

Ansiedlung noch bewohnt war und spekuliere, wie viele Jahre seitdem wohl verstrichen sind. Ihren spärlichen Lebensunterhalt mussten sich die Menschen hier bestimmt mit schwerer, körperlicher Arbeit und ohne die modernen Maschinen der heutigen Landwirtschaft verdienen. Vermutlich haben die Nachkommen angesichts der schwierigen Bedingungen kapituliert und sind – wie in vielen anderen Dörfern – in die Stadt gezogen.

Zurück zu meinen eigenen Bedürfnissen sehne ich mich mehr und mehr nach etwas Essbarem. Seit dem knappen Frühstück in Ourense haben lediglich eine Banane und ein seit Tagen mitgeschleppter Apfel zu einer minimalen Grundversorgung beigetragen. Nach einer weiteren Stunde erreiche ich endlich die laut Reiseführer mit einer schönen Pilgerherberge versehene Ortschaft Cea, in der ich sogleich die örtliche Bar ansteuere. Ein riesiges, mit Schinken belegtes Bocadillo lässt meinen Bärenhunger alsbald schwinden.

An der Herberge treffe ich unvermutet auf das alternative Musikerpaar von Ourense, das gestern aus der Großstadt abgewandert ist und die Nacht in einem Zelt unter freiem Himmel verbracht hat. Mit ihrem Vierbeiner haben sie die erwähnten Übernachtungsprobleme in den Herbergen. Darüber hinaus plagen den Franzosen mit den langen Rasterzöpfen erhebliche Blasen an den Füßen, die er gerade behandelt. Trotz der schmucken Unterkunft habe ich mich längst entschieden, in das neun Kilometer entfernte Kloster von Oseira weiter zu pilgern, denn ich möchte mir die besondere Gelegenheit, in sakralen Gemäuern zu nächtigen, keinesfalls entgehen lassen. So hänge ich mir den Rucksack um und mit einer Zigarettenspende für die Spanierin verabschiede ich mich von den beiden. Schon kurz darauf befinde ich mich auf einem Waldweg, eingerahmt von blühenden Büschen und Kieferngehölz.

Ein mit Steinbrocken übersäter Pfad führt mich in einen immer kargeren Landstrich, als ich bemerke, dass sich mir von hinten ein Radpilger nähert. Nur unwesentlich schneller kommt er auf diesem Holperweg voran. Als er zu mir aufgeschlossen hat, steigt er direkt vor meinen Füßen von seinem Tretross, da ihm gerade besonders große Felsbrocken das Vorankommen beträchtlich erschweren. Nach einem freundlichen Gruß stellt sich der junge Fahrer höflich vor. Er heiße Oscar, sei 37 Jahre alt und komme aus Barcelona. Nachdem auch ich mich bekannt gemacht habe und der kleingewachsene Spanier keine Anstalten unternimmt, seinen Drahtesel wieder zu besteigen, entwickelt sich zwischen uns ein lebendiges Gespräch. Ich erfahre von Oscar, der übrigens sehr gut Englisch spricht, dass er viele Jahre in der IT-Branche gearbeitet, vor kurzem seinen Job gekündigt und unlängst mit einem Deutschen eine Wohngemeinschaft in Barcelona gegründet habe. Nach seiner Vía stünde für ihn die Jobsuche an oberster Stelle, was sich wegen der augenblicklichen, wirtschaftlichen Situation nicht ganz einfach gestalten würde.

Oscar – mein spanischer Radpilgerfreund

Das weitaus größere Problem, das er mit sich herumschleppt, ist die Trennung von seiner Freundin, die ihn nach 15 gemeinsamen Jahren vor einigen Monaten verlassen hat. Dieser bis heute nicht verwundene Schmerz führte ihn auf seine Pilgerreise. Er möchte sich über viele Dinge seines Lebens Gedanken machen und sucht vornehmlich die Gespräche mit den Mitpilgern. Während der letzten Tage sei ihm klar geworden, dass es besser gewesen wäre, diese Reise zu Fuß anstatt mit dem Fahrrad anzutreten. Beim gemeinsamen Marschieren lasse sich seiner Meinung nach besonders intensiv diskutieren. Bis zum Kloster von Oseira weicht er nicht mehr von meiner Seite – und für mich ist er, nach meinem heutigen langen Alleinmarsch, eine willkommene Abwechslung. Als das Gelände wieder radtauglich wird, entleihe ich mir für einige Zeit seinen Drahtesel, während Oscar ein Stück seines Weges zu Fuß bestreiten kann.

Das Kloster von Oseira

Beeindruckend steht alsbald der riesige Komplex des Zisterzienserklosters vor unseren Augen. Die mächtigen Mauern und Gebäude, die sich schützend um die im 12. und 13. Jh. errichtete romanische Klosterkirche legen, spiegeln den Jahrhunderte überdauernden Einfluss dieses Ordens eindrucksvoll wider. Mit Oscar werde ich von einem Mönch in das Gästehaus geführt, das wie alle Gebäude aus großen Granitquadern erbaut wurde. Nur die im hinteren Bereich der sakralen Schlafstätte aufgestellten metallenen Etagenbetten erinnern an die Gegenwart.

Für ein anschließendes Duschbad werden wir über den Innenhof zu einem zentralen Gebäude verwiesen, in dem wir uns zunächst mit den Händen über eine dunkle Steintreppe nach oben tasten. Dort angekommen gelingt es uns erst im dritten Versuch, die richtige Tür zu dem weiß gefliesten Duschraum zu finden. Nach dem Entkleiden suchen wir uns jeweils eine der gemauerten und nach einer Seite hin offenen Duschkabinen aus. Als ich den Wasserhahn aufdrehe, sprüht sofort eine heiße, dampfende Fontäne aus den Düsen. Verzweifelt suche ich nach einem Temperaturregler, denn es ist unmöglich, sich von diesem Wasserstrahl benetzen zu lassen. Oscar muss es gerade ähnlich ergehen, denn aus seinem Munde vernehme ich deutlich das spanische Wort für „Sch....“. Da kann man nie und nimmer seinen Kopf darunter halten. „Die Mönche müssen verrückt sein, sich bei solchen Temperaturen zu duschen“, rufe ich Oscar zu. Und allmählich beginnen sich im Duschraum die ersten Dampfwolken an der Decke zu bilden. Irgendwie probieren wir dann doch, das Unmögliche möglich zu machen und versuchen, unsere Haut langsam und behutsam an die extreme Hitze zu gewöhnen. Man bekommt fast Angst, sich zu verbrühen. Mehr oder weniger nass beginne ich mit dem Einshampoonieren. Auf jeden Fall darf ich dabei nicht zu viel Seife benutzen, denn die muss ja wieder abgewaschen werden. Mittlerweile steht der ganze Raum unter dichtem Nebeldampf, und die Sichtweite liegt unter zwei Metern. Vorsichtig spritze ich mir mit den Händen kleinere Mengen vom kochenden Wasserstrahl auf die Haare, denn ich will nach dem Duschen nicht unbedingt wie Kojak aussehen. Mit lauten Gesangseinlagen lenken wir uns von dem siedepunktnahen Strahl ab. Und den bekannten Spruch über die Römer wandle ich kurzerhand um in „die spinnen, die Mönche!“. Ein römisches Dampfbad ist im Vergleich zu unserer Dampfkesselatmosphäre etwas für Warmduscher. Wir schließen die Wasserhähne und öffnen das winzige Fenster, durch das der Dampf nur langsam abzieht. Und 30 Grad Außentemperatur sind mir noch nie so kühl vorgekommen. Als wir in den Schlafraum zurückkehren, warnen wir als erstes die mittlerweile angekommene Sechsergruppe vor der „Kochwasserdusche“.

Jetzt haben wir uns ein kühlendes Bier in der nahen Bar wirklich verdient, und da kein spezielles Pilgermenü angeboten wird, arrangiert Oscar bei der Wirtin ein Abendessen für uns beide, das uns in etwa zwei Stunden serviert werden soll. Für etwas Unterhaltung sorgt ein sturzbetrunkener, ständig in

Selbstgespräche verwickelter Schotte. Der mit zerzaustem Haar und rötlichem, halb ergrautem Drei-Monats-Bart an der Theke kauernde Mann, kann sich gerade noch auf den Beinen halten. Ich entnehme seinen lallenden Worten, dass er offensichtlich die Schnauze voll hat von der ganzen „Wanderei" und wieder nach Hause möchte. Etwas frische Waldluft könnte dem kleinen, hageren Schotten vermutlich nicht schaden, um wieder einen klaren Kopf zu bekommen. Und zu nahe sollte man dem etwa 50-jährigen auch nicht kommen, denn seine Fahne ist einfach umwerfend.

Für Oscar und mich steht nun eine Führung durch die Klosteranlage auf dem Programm, die wir mit einer Fremdenführerin bereits vor dem Duschen vereinbart haben. Dabei gewinnt für mich der Begriff „Fremdenführer" eine ganz neue Bedeutung. Eigentlich müsste es „Einheimischenführer" lauten, denn die nette Dame, die uns durch das Kloster leitet, spricht nur Spanisch. Von ihren erschöpfenden Erklärungen bekomme ich nur einen Bruchteil mit. Während der fast einstündigen Besichtigung, die einer historischen Zeitreise gleicht, in der uns Baustile von der Romanik bis hin zur Spätgotik nahegebracht werden, greife ich immer wieder auf meinen Pilgerfreund zurück, wenn mich bestimmte Aspekte besonders interessieren. Aber bei so einer Führung geht es ja darum, sich ein Bild zu machen, wie sich das Leben der Mönche in früheren Jahrhunderten gestaltet hat, und nicht darum, sich von Jahreszahlen und Informationen überschütten zu lassen. Gleichwohl ist das imposante Stift sehr beeindruckend.

Beim anschließenden Abendessen werden wir von der Wirtin mit einem gewaltigen Nudelberg, zwei monströsen Koteletts und einer ebenfalls beachtlichen Salatplatte – selbstverständlich frisch aus dem heimischen, angrenzenden Garten – überhäuft. Meine Einschätzung, dass wir beide diese Menge nicht vertilgen können, stellt sich bald als falsch heraus. Bis auf das letzte Salatblatt verschwindet das köstliche Essen in unseren Mägen – und erstaunlich preiswert war es überdies.

Zufrieden mit uns und der Welt kehren wir zu unserer sakralen Schlafstätte zurück, um uns auf die Nachtruhe vorzubereiten. Auf der Wiese vor dem Eingang ins Gästehaus sehen wir den betrunkenen Schotten auf einer Decke liegen. Halb bedeckt von seinem Schlafsack schmeißt er uns einige unverständliche Wörter entgegen, erhebt zum Gruß kurz seine Hand und lässt sie wieder auf den Boden fallen – na dann G u t e N a c h t !

Als letzte Information vor dem Zubettgehen teilt uns jemand aus der Sechsergruppe mit, dass ihre Duschwassertemperatur recht angenehm war – man muss dazu im Vorraum nur den Kaltwasserhahn öffnen. Und mir wird blitzschnell klar: Die spinnen doch nicht, die Mönche!

Wie schnell doch die Zeit vergeht

Monasterio de Oseira – Laxe

Mitten in der Nacht werde ich plötzlich aus dem Schlaf gerissen, als es dem Schotten offenbar draußen zu kalt geworden ist. Mehr oder weniger die gesamte, eben noch schlafende Pilgerschar lässt er an seinem Einzug teilhaben. Unter geräuschvollem, unverständlichem Gemurmel gelingt es ihm zum Glück bereits im zweiten Anlauf, das richtige Bett anzusteuern. Ein vernehmbares Niederkrachen auf die Matratze, ein letztes vor sich Hinbrummen und die Nachtruhe ist wieder hergestellt.

Bei Tagesanbruch lasse ich mich gerne von der allgemeinen Aufbruchsstimmung anstecken und packe eilends meine sieben Sachen. Ziemlich fröstelnd habe ich die Nacht zwischen den steinernen Wänden der Klosteranlage verbracht und möchte daher rasch auf den Weg, um meinen Körper wieder auf Temperatur zu bringen. Der einzige Pilger, der bislang noch keine Regung zeigt, ist unser schottischer Kollege, der in voller Montur und etwas verdreht am Rande seiner Matratze liegt. Nach einer freundschaftlichen Verabschiedung von Oscar, der als Radpilger seinen Weg auf der Landstraße fortsetzen wird, wartet auf mich ein steiler, Trampelpfad ähnlicher Weg zum Etappenstart.

Als ich aus den sakralen Mauern hinaus trete, leuchtet mir mit gewaltiger Kraft das von der Morgensonne tiefrot gefärbte, östliche Firmament entgegen. Die Klostermauern, die sich gestern bis auf die bemoosten Stellen noch im Einheitsgrau präsentierten, schimmern heute in der Frühe aufgrund dieses Naturschauspiels in einem seltsamen, bizarren Glanz. Als nach einigen Minuten des Anstiegs mein Blick zurück schweift auf das Mönchsstift, ist das Farbenspektakel beendet und der gesamte Komplex wieder ergraut.

Diesmal ist es der Möchtegern-Chef aus der Sechsergruppe, der mir während des felsigen Anstiegs im Laufschritt von oben entgegenkommt, um sich seine Kopfbedeckung zu holen, die er im Kloster vergessen hat. Genau wie Fred, dem vor wenigen Tagen dasselbe Missgeschick passiert ist, gehört auch dieser Spanier zu der Fraktion, deren Kopfhaut nur noch sehr dünn mit Haar bestückt ist. Bei kühlem Wetter wird es ihnen auf ihren breiten Scheiteln schnell zu kalt, während sich bei starker Sonneneinstrahlung die freie Fläche in ein rot glühendes Cerankochfeld verwandelt. Deshalb nehmen sie gerne ein paar Extrameter in Kauf, um ihre enorm wichtige Schutzausrüstung wieder zu erhalten.

Eine knappe halbe Stunde dauert der landschaftlich reizvolle Aufstieg, der sich auf dem engen, felsigen Pfad durch eine dichte Buschvegetation zwängt. Immer wieder laufen dünne Rinnsale in den Weg hinein und nutzen die eingetretene Spur kurzzeitig als Wasserbett. Auf der Kuppe angekommen werde ich mit einer fantastischen Aussicht über die galicische grüne Hügellandschaft belohnt.

Zuerst auf einer kleinen Straße, dann auf einem steilen, abschüssigen Fußweg talwärts geleitet, durchschreite ich die kleine Bachebene und steige am Gegenhang zur nächsten Ortschaft auf. Mal auf geteerten Wegen, mal auf Feld- und Wiesenpfaden durchlaufe ich mehrere Ansiedlungen, Gehöfte und Weiler, bis ich nach zweieinhalb Stunden auf die Nationalstraße gelange, die mich nach O Castro Dozón führt.

Nach der wohlverdienten Kaffeepause sehe ich auf der gegenüberliegenden Straßenseite in einem Bushäuschen eine wartende Pilgerin mit Rucksack stehen, von der ich annehme, dass sie aus Deutschland käme. Ich überquere die Straße und frage nur: „Deutsch?“ Daraufhin blickt sie mich erst verwundert an und bestätigt schließlich meine Einschätzung. Ich frage nach, wohin sie denn wolle, und sie antwortet: „Nach Hause!“. Siebzig Kilometer vor Santiago bricht man doch seine Pilgerreise nicht ab, denke ich und erkundige mich weiter. Von der etwas genervt wirkenden jungen Frau wird mir daraufhin erklärt, dass sie schon öfters in Santiago gewesen sei und sie keineswegs bedauere, so kurz vor dem Ziel abzubrechen. Ihr würde das Ganze nichts mehr bringen, und so sei es doch besser, gleich heimzureisen. Da ich merke, dass sie an einem weiteren Gespräch nicht interessiert ist, verabschiede ich mich und wünsche ihr alles Gute für die Heimfahrt. Sehr merkwürdig, reflektiere ich abschließend den kurzen Dialog. Ich jedenfalls folge weiter den gelben Pfeilen und freue mich auf die baldige Ankunft in Santiago.

Etwas außerhalb der Ortschaft verläuft der Weg einige Zeit entlang der Nationalstraße, bevor mich eine weitere Markierung nach links ableitet. Ich werfe nochmals einen flüchtigen Blick zurück und bemerke in einiger Entfernung einen Radfahrer, der sich nähert. Eine Weile warte ich und erkenne schließlich Oscar, der da in die Pedale tritt. Genau wie gestern steigt er neben mir ab und wandert etwa eine halbe Stunde mit mir, bevor wir endgültig voneinander Abschied nehmen. Für mich geht es weitere zwei Stunden im ständigen Auf und Ab durch Wald und Flur, schattige Hohlwege wechseln sich ab mit sonnenbeschienenen Pisten über flache Hügelketten, und nur einmal wird die Idylle gestört, als es die Autobahn zu überwandern gilt.

In Estación de Lalin mache ich gegen Mittag meinen zweiten Stopp und genehmige mir ein leckeres Schinken-Käse-Bocadillo. Dazu setze ich mich an den Tisch zu einem Pilger, der kurz vor mir angekommen sein muss. Er heißt Markus, ist 48 Jahre alt und kommt aus dem Westerwald. Unsere Unterhaltung gestaltet sich etwas schwierig, da mein Gegenüber ständig neue Kurznachrichten bekommt, die er sogleich beantworten muss. Während einer kleinen Sendepause erzähle ich ihm von der jungen Frau, die ich vor wenigen Stunden an der Bushaltestelle getroffen habe, was ihn offensichtlich sehr interessiert. Nach der Beantwortung einer weiteren SMS erklärt er mir, dass es sich bei der heimreisenden Pilgerin um seine Freundin handele und er ihr gerade mitgeteilt habe, dass ich jetzt neben ihm sitze. Etwas erstaunt frage ich Markus nach dem Altersunterschied zwischen ihm und seiner Freundin und erfahre, dass er fünfzehn Jahre beträgt. Kurz darauf verlassen wir gemeinsam die Bar und steuern die etwa sechs Kilometer entfernte Herberge von Laxe an. Auf dem Weg berichtet mir der Westerwälder, dass es zwischen ihm und seiner Freundin zu einigen Meinungsverschiedenheiten gekommen sei, die sich momentan nicht klären ließen. Sie habe Probleme mit ihren Füßen, unter anderem deshalb die Lust am Wandern verloren und sei von den ganzen Umständen genervt gewesen. Ihre Heimreise sei für beide Seiten die beste Entscheidung, und die entstandenen Differenzen könne man besser zu Hause diskutieren. Ob sie überhaupt noch seine Freundin sei, wisse er augenblicklich nicht so genau. Ganz im Gegensatz zu Monika und Heinz, die das Pilgern zusammen geführt hat, erfahre ich nun hautnah, wie es auch Beziehungen entzweien kann.

Als wir in der Herberge in Laxe eintreffen, finden wir diese verwaist vor. Der erste Pilger, den wir zu Gesicht bekommen, informiert uns, dass die Hospitaliera in zirka einer halben Stunde zurück sein wird. So streife ich gemeinsam mit Markus ein wenig durch die großzügige Anlage, als er in einem der Schlafräume plötzlich ein paar Gegenstände entdeckt, die ihm gar nicht gefallen. Es handelt sich um einen Rucksack und einige Utensilien, die er eindeutig zuordnen kann. Einem stets betrunkenen Schotten gehörten sie, dem er während der letzten Tage schon mehrmals begegnet sei und der ihn ziemlich nerve. Beinahe wäre es zwischen ihnen schon zu einer richtigen Schlägerei gekommen, dann aber doch bei einem Handgemenge geblieben. Jetzt eröffne ich Markus, dass ich mit seinem Antifreund schon Bekanntschaft gemacht habe und sehr verwundert bin, wie er denn so schnell hierher gekommen ist.

Nach der kleinen Herbergsbesichtigung warten wir gerade im Eingangsbereich bis die Hospitaliera erscheint, als plötzlich ein Taxi vorfährt und uns der Fahrer nach einem Schotten befragt. Schon am Vormittag habe er ihn vom Kloster Oseira nach Laxe befördert und vor wenigen Minuten sei er beauftragt worden, ihn nach Santiago zu bringen. Wir teilen dem Fahrer mit, dass sich zwar seine Sachen in der Herberge befinden, doch er selbst nicht anwesend ist. Ohne lange überlegen zu müssen, ist uns dreien klar, wo er sich mit höchster Wahrscheinlichkeit aufhält. Fünf Minuten später steht das Taxi wieder vor der Herberge, und diesmal steigen zwei Personen aus. Der Schotte geht schnurstracks und wortlos in Richtung Schlafsaal, während der Fahrer draußen auf ihn wartet. Unsere Vermutung mit der örtlichen Bar war natürlich richtig, und für siebzig Euro wird er in einer Stunde sein Pilgerziel erreicht haben. Mit seinem gesamten Gepäck steht er plötzlich zwischen uns und lallt etwas, dass er jetzt endgültig aufgebe, und dies seine letzte Pilgereise sei. Dann verschwindet er im Taxi.

Markus hat sich mittlerweile anders entschieden und will weitere acht Kilometer bis ins Städtchen Silleda marschieren. Aufgrund der Streitigkeiten mit seiner Freundin war er heute noch nicht so lange unterwegs, vor allem sucht er etwas Ruhe und möchte deshalb ein Privatzimmer nehmen. Als endlich die Hospitaliera auftaucht und sie erfährt, dass der Schotte die Herberge verlassen hat, ist sie darüber nicht wenig erleichtert.

Im weiteren Verlauf des Nachmittags steht das letzte Wäschewaschen während meiner Pilgerreise auf dem Programm, wobei ich mich heute dazu durchringe, neben der Unterwäsche und den verschwitzten T-Shirts auch meine Wanderhose diesem Prozess zu unterwerfen. In Santiago will ich schließlich als halbwegs sauberer Mensch ankommen. Als ich darüber grübele, wann ich das letzte Mal meine Hose gewaschen habe, bin ich selbst erschrocken, wie lange das schon her ist. Vor 18 Tagen in der Herberge am Alcántara-Stausee, also knapp 600 Kilometer zurück, muss es gewesen sein – und ich wundere mich, wie schnell doch die Zeit vergeht.

Während wir seit Tagen herrliches Wanderwetter haben, ist es heute fast zu heiß – allerdings gut für die Wäsche. Auf einer Bank, im Schatten der Herberge, komme ich mit einem deutschen Rentner ins Gespräch, der soeben seine mitgeschleppte Lektüre beendet hat. Bezeichnenderweise handelt es sich um das Meisterwerk von Patrick Süskind „Das Parfum“, das jahrelang auf der Bestsellerliste zu finden war. Kurz assoziiere ich den prägnanten Titel mit meiner vorhin gewaschenen Hose, die gewiss schon ihre ganz besondere Duftnote verströmt haben dürfte. Aus dem Gespräch mit dem 70-jährigen Leipziger entnehme ich, dass ihm sein Vorwärtskommen bisweilen erhebliche Probleme bereitet. Zweimal habe er schon mit dem Gedanken gespielt aufzugeben. Doch er habe sich für das Durchhalten entschieden und werde auf jeden Fall bis Santiago marschieren. Seine stämmigen Unterschenkel sind aufgrund ausgeprägter Venenprobleme beiderseits bandagiert, und seine nicht zu übersehenden, überflüssigen Kilos tragen bestimmt ihren Teil dazu bei, dass er nicht zu leichtfüßig durch die Lande streift. Selbst das Ruhen im Schatten treibt dem fülligen Ossi Ströme von Schweißperlen auf die Stirn. Ansonsten macht er einen angenehm netten Eindruck.

Für mich ist es nun höchste Zeit, meinen leeren Magen zu füllen. Zusammen mit dem Spanier Juan trete ich den Weg in die örtliche Wirtschaft an, in der wir uns ein ausgiebiges Pilgermenü einverleiben. Auf der schattigen Terrasse im Hinterhof sitzen wir später am Tisch von Monika und Heinz, mit denen wir auf glückliche Pilgertage anstoßen. Salud peregrinos!

Monika und Heinz – immer freundlich und gut gelaunt

Unterwegs als Seelsorger

Laxe – Outeiro

Nach einer angenehmen Nacht, die vollkommen störungsfrei verlaufen ist – keine Alkoholleiche – starte ich im Dämmerlicht zu meiner vorletzten Vía-Etappe. Dass ich morgen schon am Ziel meiner Pilgerschaft sein werde, kann ich noch nicht realisieren. Im täglichen Rhythmus des Aufbrechens und des Ankommens verliert man leicht das Zeitgefühl, und ich frage mich, wo die vergangenen vier Wochen geblieben sind.

Nur wenige Biegungen hinter der Herberge laufe ich an einer kleinen Steigung zu dem Leipziger Pilgerkollegen auf, dessen morgendliche, schwere Atemzüge nicht zu überhören sind. Doch auch unter seinen Achseln zeichnen sich die Spuren seiner Anstrengung deutlich ab. Als ob er über eingebaute Bewässerungskanäle verfüge, breiten sich die Schweißflecke über sein Wandershirt aus. Kaum vorstellbar, wie er die vielen Kilometer von seinem Ausgangsort Salamanca bis hierher bewältigt hat. Erst als der Weg leicht abschüssig verläuft, werden seine Atemzüge ruhiger und ihm bleibt genügend Luft, um einige Geschichten aus seinem Leben zu erzählen. Eine Stunde ziehen wir nunmehr durch die Lande, und auf seinem Shirt ist keine trockene Stelle mehr erkennbar. Gemeinsam überqueren wir eine hohe, mittelalterliche Steinbrücke, wandern vorbei an längst verlassenen Häusern und befinden uns kurz darauf auf einem schmalen Pfad, der von langstieligen Blumen und Brennnesseln fast zugewachsen ist. An einer Kirche genehmigen wir uns eine kurze Rast, wobei Rolf seinen Rucksack um das Gewicht seiner ausgelesenen Lektüre erleichtert, indem er mir den Wälzer anpreist.

Noch gut drei Kilometer sind es bis Silleda, wo wir eine Frühstückspause einlegen wollen. Schon eine ganze Weile träumt der Leipziger von einem kühlen Bier, das er gewöhnlich bei seinem ersten Stopp zu sich nimmt. Was für den einen der begehrte Kaffee, sei für ihn eben das Glas Gerstensaft. Wie „speed“ wirke dieses Getränk auf ihn, dadurch würde er so richtig in Schwung kommen, gibt er mir des Öfteren zu verstehen. Ich bin jedenfalls gespannt auf diese Demonstration und lasse mich gerne überraschen. Am nächsten längeren Anstieg ist es dann wieder soweit, schwere, japsende Atemzüge begleiten sein Vorwärtskommen.

Endlich gelangen wir nach Silleda, und in der ersten offenen Bar bestellen wir unsere jeweiligen Muntermacher. Mit klatschnassem T-Shirt und gleichermaßen durchtränkter Wanderhose sitzt der wackere Leipziger vor seinem Bier. Zweimal erhebt er das Glas, und die Flüssigkeit ist aufgesogen. Dann winkt er der Bedienung zu, die sogleich für Nachschub sorgt. Ich kann mir nicht vorstellen, dass er nach gut einem halben Liter Bier in der Lage sein wird, mir zu folgen. Zwischendurch kommt auch mein spanischer Pilgerkollege Juan herein, und zu dritt machen wir uns später auf den Weg. Nur wenige Meter weiter treffen wir unvermutet auf Markus, der heute etwas länger geschlafen hat und gerade seine Pension verlässt. Da die beiden Deutschen sich aus den Vortagen ganz gut kennen, nehme ich an, dass es zwischen ihnen jede Menge Gesprächsstoff gibt, vor allem bezüglich der abrupten Heimreise von Markus‘ Freundin. So wandere ich die nächsten Kilometer an der Seite von Juan, wobei die Lücke zu meinen Landsmännern stetig größer wird.

Als wir nach eineinhalb Stunden das Städtchen Bandeira erreichen, ist von den beiden Nachzüglern nichts mehr zu sehen. Ob der Gerstensaft oder der Erzählfluss der beiden dafür verantwortlich ist, weiß ich nicht, denn als ich gerade eine Bar betreten will, um dort auf sie zu warten, werde ich von Juan vehement davon abgehalten und überredet, mit ihm allein weiter zu gehen. Doch der feinen Pastelleria, an der wir gleich darauf vorbeikommen und aus der mir der Duft der frischen Backwaren entgegen strömt, kann ich nicht widerstehen und besorge mir einen leckeren Napolitaner.

Noch einmal zeigt sich Galicien von seiner schönsten Seite. Auf schmalen Landstraßen und landwirtschaftlichen Wegen ziehen wir durch saftig grüne Weiden, wo glückliche Kühe grasen, beobachten fleißige, einheimische Frauen bei der Feldarbeit und frönen dem Wandern durch schattenspendende Wälder, wo sich immer mehr Eukalyptusbäume in die Vegetation mischen. Für Abwechslung sorgen die winzigen Weiler und die vereinzelten Gehöfte, die wir auf unserem Weg durch dieses dünn besiedelte Gebiet passieren. Als Spaß lege ich in einem Waldstück aus umherliegenden Kiefernzapfen einen Pfeil am Boden aus, den ich in die Gegenrichtung laufen lasse. Dabei bin ich sicher, dass so kurz vor dem Ziel kein Pilger mehr auf diesen durchschaubaren Streich hereinfallen wird.

Nach über zwei Stunden fällt mein Blick endlich auf Sonnenschirme und Sitzgruppen vor einer Bar. Zu diesem Zeitpunkt haben wir allerdings keine Ahnung, in welchem Dorf wir uns befinden, denn Ortsschilder sind in dieser Gegend weitgehend unbekannt. Nachdem uns die Bedienung darüber aufgeklärt hat, kümmern wir uns um den Ausgleich unseres Flüssigkeitshaushaltes und stärken uns mit einem kleinen Snack. Als wir gerade aufbrechen wollen, gesellen sich zwei sehr junge, spanische Pilger an den Nebentisch und berichten uns von ihrem Erlebnis mit einem Pfeil, der in die Gegenrichtung zeigte und der sie für einige Zeit ins Grübeln brachte. Bestimmt hat sich da jemand einen Scherz erlaubt, kommentieren wir ihre Erklärung.

Weiter geht es ins tiefe Tal des Río Ulla, das von einem 86 Meter hohen Eisenbahnviadukt überspannt ist. Erstaunlich harmonisch passt sich diese alte Steinbrücke mit ihren stützenden Bögen dem Landschaftsbild an. Doch unweit davon hat man begonnen, für die neue Schnellstraße von Ourense nach Santiago eine zweite, wesentlich höhere Brücke über das Tal zu spannen, die architektonisch eindeutig das Nachsehen hat und wie ein Fremdkörper wirkt. Im Ort Ponte Ulla überqueren wir schließlich den Fluss, und es beginnt der knapp fünf Kilometer lange Aufstieg bis zu unserer letzten Herberge vor Santiago.

Auch vor der Vía macht der Fortschritt nicht Halt

Auf diesem Anstieg, der nach einem kurzen Intermezzo auf der Nationalstraße auf breiten Forstwegen durch lichte Wälder führt, zeigt sich Juan plötzlich sehr gesprächig, und ich erfahre von ihm, was ihn auf die Vía de la Plata getrieben hat. Es verwundert mich schon nicht mehr, als er von den Beziehungsproblemen mit seiner Frau und den beiden Kindern zu berichten beginnt. Ich komme mir schon wie ein Seelsorger vor, denn er ist bereits der dritte innerhalb der letzten Tage, der mir sein Herz ausschüttet. Eine ganze Weile lasse ich ihn einfach reden und höre nur zu. Oftmals hilft es ja schon, wenn man sich den Kummer von der Seele sprechen kann, und so hoffe ich, dass diese Taktik aufgeht. Doch bei ihm stellt sich die Situation wirklich sehr verzwickt, ja geradezu aussichtlos dar, inzwischen ist ein richtiger Rosenkrieg entfacht, in den auch die Großeltern involviert waren. So gebe ich meinem Pilgerkollegen deutlich zu verstehen, dass ich ihm nicht weiterhelfen kann und er sich erst mal über seine Absichten und Ziele klar werden muss – und diese Antwort akzeptiert er zustimmend.

Schöne Herberge in Outeiro

Die letzte Herberge auf meinem langen Weg gehört nochmals zu den komfortableren, einzig die Entfernung zur nächsten Wirtschaft ist eindeutig zu weit. Etwa einen Kilometer geht es den Hang bergab, um an das wohlverdiente, schäumende Erfrischungsgetränk zu gelangen. Und ist man in der Herberge wieder zurück, würde man am liebsten erneut losmarschieren, um sich für den Aufstieg zu belohnen. So absolviere ich eben ein paar Extrakilometer, denn auf die kommt es schließlich nicht mehr an. Nach einem gemeinsamen Pilgeressen mit Juan verbringe ich die Zeit vor meiner letzten „Vía-Nacht" zusammen mit Monika und Heinz, die nach wie vor verliebt im siebten Himmel schweben.

Meine letzte Aktion vor dem Zubettgehen ist es, meine Wanderstiefel aus dem Schlafraum zu entfernen, denn deren Ausdünstungen haben bei Juan offensichtlich eine mittelprächtige Nasenschleimhautreizung ausgelöst – sorry Juan!

Nochmals gerettet

Outeiro – Santiago de Compostela

Ein letztes Mal heißt es Schuhe schnüren, Rucksack umhängen und Wanderstöcke nicht vergessen. Noch vor Sonnenaufgang geht es auf die abschließenden 16 Kilometer, wobei ich plane gegen 10.30 Uhr in Santiago anzukommen. Zeitgleich mit mir startet Juan, den ich nach einer Viertelstunde etwas voraus laufen lassen.

Ich will die Strecke jetzt ganz für mich besitzen und meine Pilgerschaft Revue passieren lassen. In einem stillen Gebet, danke ich Gott, dass er mich unversehrt ans Ziel geführt hat. Für mich waren diese vier Wochen auf der Vía de la Plata ein ganz besonderes Abenteuer, ich hatte wunderbare Erlebnisse und Begegnungen, und ich bin sehr glücklich, dass ich diesen Weg gehen durfte. Ich bin durch faszinierende Landschaften marschiert, habe über viele Tage die Abgeschiedenheit und die Ruhe in der Natur erfahren und als Kontrast die Gespräche mit Pilgerfreunden und Einheimischen genossen. Pilgern ist keine Individualreise, immer wieder sucht man den Kontakt untereinander, teilt Freud und Leid, bestärkt sich gegenseitig im Tun und in der geistigen Einstellung, und jede Begegnung ist eine Chance, sich selbst zu begegnen.

Meine schönsten Wandertage erfuhr ich mit Manuel, aus unserem Zusammentreffen entwickelte sich Freundschaft. Unsere erste, gemeinsame Etappe war das Highlight auf meiner Vía. Dieser Pilgertag war überaus lang und anstrengend und trotzdem getragen von einer Unbeschwertheit, wie ich sie schon lange nicht mehr erlebt habe. Sehr beeindruckt hat mich auch Romain, der mit seinen 75 Jahren stets klare Ziele verfolgt, sich immer auf den Punkt genau einzuschätzen weiß, für alles Neue offen und deshalb auch im Geiste so jung geblieben ist. Die Person, die vermutlich die meisten Parallelen zu mir besitzt, ist mein holländischer Pilgerfreund Fred. Ihm verdanke ich viele erbauliche Stunden, ein stets freundliches und ehrlich gemeintes aufeinander Zugehen. Über eine Woche war er für mich die wichtigste Kontaktperson auf der Vía. Last but not least sind da Monika und Heinz. Die beiden sind an Herzlichkeit wirklich nicht zu übertreffen. Die Stunden mit ihnen waren immer mit einem freudestrahlenden Lächeln verbunden, und bei Problemen waren sie zur Stelle. Für mich sind sie so eine Art „Lebensretter“ auf der Vía, denn sie waren stets zur richtigen Zeit am richtigen Ort.

An einer Wegegabelung, an der es zwei Möglichkeiten gibt die Route fortzusetzen, schließe ich zu Juan auf, der hier auf mich wartet. Nach einigem Zögern entscheiden wir uns für den rechten Weg und laufen nebeneinander weiter. Elf, zwölf Kilometer sind es noch bis Santiago, als wir plötzlich an einem Waldrand stehen und keine Markierungen mehr erkennen. Das gibt es doch nicht, dass wir uns am letzten Tag noch verlaufen, müssen wir über uns selbst lachen. Der schmale Pfad, auf dem wir stehen, und der in den dichten Wald führt, sieht wirklich nicht nach Jakobsweg aus. Doch da wir keine Lust haben, nochmals zurückzulaufen, lassen wir uns auf das kleine Abenteuer ein. Immer enger wird die Spur, und immer wieder verzweigt sie sich. Rein nach Gefühl ziehen wir durch den tiefen, finsteren Wald. Irgendwann ist gar kein Weg mehr zu erkennen, und wir laufen über Stock und Stein. Nach 15 Minuten vernehmen wir dann erste dumpfe Geräusche von vorbeirauschenden Autos und stehen bald darauf am Rande der Nationalstraße. Geschafft! Recht schnell haben wir wieder die Orientierung gefunden und gelangen wenig später in die kleine Ortschaft Susana. Knapp die Hälfte der letzten Etappe nach Santiago ist gemeistert. Hier gibt es den letzten Milchkaffee auf der Strecke, bevor es auf leicht hügeligem Terrain durch dünn besiedeltes Gebiet weitergeht.

Gedanklich stelle ich mich Schritt für Schritt auf das näher rückende Ziel ein. Dabei wird mir klar, dass es einen großen Unterschied macht, ob man zum ersten Mal in Santiago ankommt, oder ob man dieses Ziel schon einmal erreicht hat. Man könnte es vielleicht mit dem Gefühlszustand vor der Bescherung am Heiligen Abend vergleichen. Ein Kind durchlebt die Minuten vor diesem Ereignis bestimmt viel intensiver und aufgeregter als ein Erwachsener. Es kann diesen Augenblick kaum erwarten und die Spannung steigt bei ihm ins Unermessliche. Ein Erwachsener verspürt selbstverständlich auch die Vorfreude, doch die Euphorie hält sich in Grenzen. Und dieses Jahr komme ich als Erwachsener nach Santiago.

Noch immer marschieren wir auf schmalen Straßen, und die ländliche Idylle begleitet uns bis nahe an die Stadtgrenze. Über den Camino Real, den königlichen Weg, werden wir bergauf in einen Vorort von Santiago geleitet. Kurz darauf blicken wir auf das riesige Häusermeer des berühmten Wallfahrtsortes, aus dem die vertrauten Türme der Kathedrale weit herausragen. Eine halbe Stunde später verliert sich unsere Spur im geschäftigen Treiben der von Pilgern und Touristen überladenen Stadt – und 1000 Kilometer Vía de la Plata liegen hinter mir.

Als wir am Pilgerbüro vorbeikommen und ich die zahllosen Menschen sehe, möchte ich mir lieber nicht vorstellen, wie übervölkert es auf dem Camino francés zugegangen ist. Bis weit auf die Straße reicht die Pilgerschlange, die darauf wartet, sich die Urkunde, die sog. Compostela, ausstellen zu lassen. Ich denke zurück an letztes Jahr, als ich auch zu dieser großen Menge zählte. Und in diesem Augenblick bin ich sehr froh, dass ich mit der Vía de la Plata einen Weg kennenlernen durfte, der sich mir über weite Strecken in einem ursprünglichen Zustand präsentierte.

Im Gegensatz zu Juan, der sich ohne Zögern an das Schlangenende stellt, habe ich momentan keine Lust, mich mehr als eine Stunde einzureihen und ziehe alleine weiter zur Kathedrale. Zwei Minuten später habe ich mein Pilgerziel erreicht und verweile einige Zeit auf dem großen Platz vor dem Gotteshaus. Den Kopf auf meinen Rucksack abgelegt, die Augen geschlossen und das Gesicht in den strahlend blauen Himmel gerichtet, schotte ich mich einige Minuten ab. Anschließend betrete ich die Kathedrale und umarme nach gutem alten Brauch als Dank für die gelungene Pilgerreise die lebensgroße Jakobus-Statue, die sich hinter dem Hochaltar über der Krypta befindet. Immer mehr Kirchgänger strömen nun hinein und langsam wird es

Zeit, mich um einen Sitzplatz zu kümmern. Kaum dass ich mich gesetzt habe, klopft mir jemand auf die Schulter. Ich drehe mich um und sehe in die leuchtenden Augen von Monika. Sogleich fordert sie mich auf, mit auf ihren Platz zu kommen, um gemeinsam mit Heinz und ihr die Messe zu feiern. Und genau wie im letzten Jahr bin ich wieder von Freunden umgeben bei diesem festlichen Gottesdienst.

Die Kathedrale von Santiago de Compostela

Die Praza do Obradoiro vor der Kathedrale

Im Anschluss besorge ich mir bei deutlich weniger Andrang im Pilgerbüro die Compostela und schlendere dann auf einen Gegenhang von Santiago, von wo aus ich einige Fotos aus der Ferne machen will. Als ich von dem halbstündigen Marsch wieder zurückkomme, begebe ich mich gleich auf Quartiersuche, was sich aufgrund der fortgeschrittenen Tageszeit und der vielen Pilger recht schwierig gestaltet. Von einem Hostal zum anderen schickt man mich, und langsam werde ich etwas unruhig und besorgt. Aber für solche Situationen gibt es ja Monika und Heinz, die mir wieder im richtigen Moment über den Weg laufen. Kurz erkläre ich ihnen meine Situation und werde von den beiden umgehend zu einem kleinen Hotel begleitet, das nur unwesentlich vom Zentrum entfernt ist und in dem Heinz bereits vor drei Jahren genächtigt hat, als er die gesamte Strecke von der Schweiz aus bis nach Santiago gelaufen ist. Für zwanzig Euro bekomme ich tatsächlich noch ein Zimmer und freue mich jetzt schon auf die erste Solonacht nach mehr als vier Wochen in Gruppenräumen mit Etagenbettkomfort.

Der Rest des Nachmittags und der Abend stehen ganz im Zeichen des Feierns, des Entspannens und einfach nur des sich Wohlfühlens mit den neugewonnenen Freunden. Irgendwie ist die ganze Stadt in Feierlaune, und alle Cafés, Kneipen und Restaurants sind voll mit Pilgern und Touristen. Erst gegen Mitternacht lande ich wieder in meiner Pension und brauche sehr lange zum Einschlafen. Vielleicht fehlen mir ja die Pilgerkollegen.

Ausflug ans Ende der Welt

Santiago de Compostela - Finisterre

Um 9.00 Uhr sitze ich im Bus nach Finisterre und fahre ans „Ende der Welt", wie es die Menschen im Altertum glaubten. Ganz entspannt blicke ich dabei aus dem Fenster und schalte ab von den Anstrengungen der letzten Wochen. Mit der Überreichung der Compostela ist meine Pilgerzeit beendet, seit diesem Moment bin ich nur noch Tourist. Drei Stunden dauert die Fahrt zu dem von Kelten, Phöniziern und Römern verehrten, mystischen Ort, an dem sie ihre Sonnen- und Fruchtbarkeitsriten feierten. Nach Entdeckung des Apostelgrabes erwachte die Faszination für diesen Ort erneut. Weit überwiegend mit „ehemaligen" Pilgern besetzt ist der komfortable Bus, der uns zu dieser besonderen Landspitze bringt, die wie ein Finger in den Atlantik ragt. Bei strahlendem Sonnenschein genieße ich die Fahrt entlang der zahlreichen Buchten, deren türkisblau gefärbtes Wasser an die teils felsigen, teils sandigen Strände reicht.

In Finisterre lasse ich mich einige Zeit nur durch den Ort treiben, versorge mich auf einem Markt mit frisch gebackenem Brot und einem Stück herzhafter Räuchersalami und begebe mich dann auf die Suche nach einer Unterkunft. Als ich an der Herberge ankomme, werde ich allerdings vom Hospitaliero abgewiesen, da kein Bett mehr frei ist. Doch der freundliche Herbergsbetreiber greift sofort zum Telefon und vermittelt mir ein Privatzimmer in einer nahen Pension. In diesem Augenblick erscheint ein weiterer Pilger, dem es genauso ergeht wie mir. Zusammen steuern wir die Pension an und entscheiden uns für ein günstigeres Doppelzimmer. Schon auf dem Weg dorthin stelle ich fest, dass Gerhard offensichtlich unter heftigsten Entzugserscheinungen leidet. Gedanklich dreht sich alles nur um Frauen. Die Enthaltsamkeit während seiner langen Pilgerzeit hat dem 55-jährigen richtig zugesetzt, und er freue sich schon sehr auf die Rückkehr zu seiner Frau.

Der kleine Fischerort Finisterre

Nachdem wir das Zimmer bezogen haben, besorgen wir uns auf Vorschlag von Gerhard in einem Supermarkt zwei Flaschen Rotwein, um damit am Kilometerstein „Null“ auf das endgültige Ziel anzustoßen. Bei wolkenlosem Himmel wandern wir schließlich auf der vier Kilometer langen Küstenstraße von Finisterre bis ans Kap, wo wir uns gegen einen strammen Wind stemmen müssen. Nach den obligatorischen Fotos vom letzten Markierungsstein, vom mächtigen Leuchtturm und von der traditionellen Feuerstelle, an der viele Pilger Teile ihrer Wanderkleidung verbrennen, schweift mein Blick minutenlang über den tiefblau schimmernden Atlantik, von dem mich nur die steil abfallenden Klippen trennen. Vor gut 500 Jahren endete hier die Welt, für mich dagegen ein Weg.

Dank für die erfüllte Reise!

Nach dem Rückmarsch in den Fischerort falle ich glücklich in die ausgebreiteten Arme von Monika und Heinz, die Finisterre mit einem späteren Bus angesteuert haben. Zu viert ziehen wir in eine Kneipe an der Uferpromenade und feiern letztmals unseren Erfolg.

Als sich die Nacht über das kleine Fischerdorf legt, weiß ich, dass meine Vía de la Plata nun zu Ende ist. Morgen früh werde ich meine Rückreise antreten und kann es kaum erwarten, endlich meine Familie in die Arme zu schließen.

Nachlese

Ich wünsche mir von ganzem Herzen, dass die Ursprünglichkeit und die teils abenteuerlichen Strukturen auf diesem Pilgerweg noch lange Zeit so erhalten bleiben, wie ich sie auf meiner Reise kennenlernen durfte. Von dem südländischen Flair Andalusiens, über die trockenen, heißen und oft menschenleeren Gebiete der Extremadura, hinauf zu den flachen und kargen Mesetas Kastiliens, bis hin zu den grünen Wäldern und saftigen Wiesen Galiciens bietet diese Route eine kaum zu übertreffende Vielfältigkeit. Land und Leute kamen mir stets mit Freundlichkeit entgegen, und die Begegnungen mit den Pilgerkollegen waren eine unvergessliche Bereicherung für mich.

Doch wie sich die Geschichte dieses Weges weiter schreiben wird, weiß niemand. Ich hoffe nur, dass noch viele Peregrinos den Jakobuskult so natürlich und die Vía de la Plata als „wilde Schöne" erleben dürfen.